W0386367

Hänssler Verlag

Christliches Medienmagazin pro

Thomas Schirrmacher

Internetpornografie

... und was jeder darüber wissen sollte

Die WerteBibliothek ist ein Produkt des Christlichen Medienmagazins pro.

www.wertebibliothek.de

Hänssler-Taschenbuch
Bestell-Nr. 394.838
ISBN 978-3-7751-4838-2

D-71087 Holzgerlingen
www.haenssler.de | info@haenssler.de
Christlicher Medienverbund KEP, Postfach 1869, D-35528 Wetzlar
www.kep.de | www.wertebibliothek.de | info@wertebibliothek.de
Umschlaggestaltung: C. Görlach
Titelbild: Christliches Medienmagazin pro
Satz: C. Görlach
Druck und Bindung: CPI - Ebner & Spiegel, Ulm
Printed in Germany

Inhalt

I. Die Verbreitung der Pornografie

Pornografische Gesellschaft ohne Haftung?

Ich bummle in unserer Einkaufsstraße durch die Stadt. Das Fotogeschäft, in dem ich meine Passbilder machen lasse, zeigt in Posterformat Nacktaufnahmen eines Hochzeitspaares und wirbt für das Aufnehmen einer Nacktfotostrecke zu Hause. Um die Ecke liegt eine Parfümerie, deren Bilder von kaum bekleideten oder völlig unbekleideten Frauen, Männern und Paaren im Schaufenster den Eindruck erwecken, als wenn der Kontakt mit den Wässerchen und Gerüchen, die man in diesem Laden erstehen kann, unmittelbar sexuellen Hochgenuss auslöst oder einem die Partner in Scharen zutreibt. Der Comicladen um die Ecke informiert großflächig, dass neue Folgen einer Heftserie eingetroffen sind, in der eine Frau von zahlreichen Untoten, Geistern und Wesen, die sich abwechselnd in Mann oder Frau verwandeln, vergewaltigt wird. Trotz Blut und Schmerz hat die Frau am Ende immer Gefallen daran. Derweil bin ich an zahlreichen Werbeflächen vorbeigekommen, in denen Damen in knappen Bikinis für Billigwäsche der führenden Anbieter werben. Und ich war nur einkaufen! Ich habe keinen Fernseher angeschaltet, kein Handy angemacht und auch nicht im Internet gesurft, wo mich überall ungebeten Pornobilder oder wenigstens erotische Werbung erwarten, neuerdings auch als Spam – sogar auf dem Handy.

Ja, sind wir denn noch zu retten? Kann man noch nicht einmal Passfotos abholen, ohne der Zwangspornografisierung zu unterliegen?

Allmählich sind selbst die Medien alarmiert: „Sozialarbeiter und Psychologen schlagen Alarm: Immer mehr Kinder und Jugendliche konsumieren Pornographie. Darauf hat das ARD-Kulturmagazin ttt – titel, thesen, temperamente aufmerksam gemacht. Extrem-Pornos eroberten in Großstädten zunehmend die Schulhöfe und Kinderzimmer. Sie seien im Internet zum Herunterladen auf das Handy nur einen Klick entfernt, hieß es in der Sendung ... Experten befürchteten eine sexuelle Verwahrlosung von Jugendlichen. Nach Angaben von Laszlo Pota (Hamburg) vom Berufsverband Deutscher Psychologen gibt es ‚Acht- oder Neunjährige, die teilweise schon vorm Fernseher Papas Pornos angucken'. In immer mehr Haushalten sei dies nicht die Ausnahme, sondern die Regel. Auch Pastor Thies Hagge aus Hamburg-Jenfeld ist entsetzt. In seiner Gemeinde hätten zwei zehn- und elfjährige Brüder ihre achtjährige Schwester vergewaltigt, nachdem sie zusammen mit ihrem Vater eine Vergewaltigungsszene in einem Pornofilm angeschaut hätten. In der geballten Darstellung von Pornographie sei kaum noch Raum für Zärtlichkeit, so Hagge. In der Sendung kommt auch die 18-jährige ‚Melanie' zu Wort. Ihr ehemaliger Freund habe sie mit fünf Freunden vergewaltigt, nachdem er mit ihnen einen Pornofilm gesehen hatte. In Hamburg hat den Angaben zufolge die Zahl der sexuellen Straftaten von unter 21-Jährigen im vergangenen Jahr um 30 Prozent zugenommen. Die Verantwortlichen des Kulturmagazins halten es für eine bedrohliche Entwicklung, wenn die Jugend Pornos sieht und dabei das Lieben verlernt. Ihr Fazit: Verwahrlost der Sex, verwahrlost auch die Gesellschaft."[1]

„Internetsucht wird zum Massenphänomen ... Forscher schlagen Alarm und fordern politische Unterstützung“, schreibt eine große Tageszeitung[2] und listet insbesondere auf, wie verbreitet und folgenschwer das täglich stundenlange, süchtige Surfen auf Pornoseiten ist. Eine Boulevardzeitung – selbst mit täglicher Nacktdarstellung auf der Titelseite – schreibt: „Immer mehr Internet-Nutzer surfen in die Rotlichtbezirke des weltweiten Computer-Netzwerks. Allein im Februar waren 6,8 Millionen Deutsche – das sind rund 25% aller Internet-Nutzer – auf den Seiten ‚nur für Erwachsene‘ unterwegs, schreibt das Nachrichtenmagazin Focus. Psychologen schätzen die Sucht nach Online-Sex als immer häufiger auftretende Erkrankung ein ... Nach einer Therapie sei die Rückfallquote sehr hoch. Ausschweifende SexChats und ungezügelte WebPornografie seien eine Gefahr für die Ehe.“[3] Das sind nicht Worte des Papstes oder evangelikaler Ethiker, sondern einer zunehmenden Zahl von säkularen Wissenschaftlern. „Pornografie werde zur Leitkultur der Unterschicht, pflichtete der alarmierte Präsident der Deutschen Gesellschaft für sozialwissenschaftliche Sexualforschung bei, Professor Jakob Pastötter.“[4]

Ariadne von Schirach beschreibt in ihrem Bestseller „Der Tanz um die Lust“ flott, dramatisch, aber auch anzüglich, wie die Pornografisierung der Gesellschaft selbst die alltäglichen kleinen Dinge erreicht hat, denn es „ist mittlerweile unsere gesamte westliche Lebenswirklichkeit davon verseucht“.[5] Sie konstatiert einen „Normierungsdruck“[6] und klagt: „Die Pornographisierung hat unsere Körper geschändet.“[7] Allerdings ist ihr Buch aufgrund des Fehlens jeder ethischen Forderung[8] selbst ein Beleg dafür, wie gut sich mit diesem Thema Geld verdienen lässt.

Wir sind eine „pornographische Gesellschaft mit beschränkter Haftung“[9], schrieb bereits 1989 nicht etwa ein

Erzbischof, sondern eine führende österreichische Feministin. Wie würde sie unsere Gesellschaft heute, 18 Jahre später und nach Einführung der Internetpornografie, bezeichnen? Vielleicht als „pornografiebesessene Gesellschaft ohne Haftung"? Und tatsächlich sind wir nicht nur die pornografischste Generation aller Zeiten, sondern kaum einer muss damit rechnen, dass er die Haftung für die Folgen übernehmen muss.

Wohl niemand hat besser dargestellt, wie Pornografie mehr und mehr alle Lebensbereiche durchdringt, zur normalsten Sache der Welt erklärt wird und ihren Gegnern gegenüber eine Diktatur aufbaut, als Pamela Paul in ihrem Buch „Pornified".[10] Durch Pornografie findet die erste Aufklärung statt, und Pornografie bestimmt noch im Alter, wie wir unseren Körper sehen. Schon längst hält kaum noch einer den Playboy für Pornografie.[11] Hollywood nutzt seine Filme, um uns an die ebenfalls in Hollywood produzierten Pornos zu gewöhnen. So spielt in der ab 12 Jahren freigegebenen ‚Teenie-Komödie' „The Girl Next Door", Elisha Cuthbert einen Pornostar, in den sich ein Nachbarjunge verliebt, worauf sich eine Romanze entwickelt. Der vermeintliche Traum eines jeden Jungen und Mannes wird wahr: ein Pornostar als Freundin.

Als die Pornografie in den 70er Jahren gesetzlich freigegeben wurde, war eines der Hauptargumente, dass das Interesse an Pornografie schwinden werde, wenn sie legal sei und die Menschen in der Realität ihre Sexualität ausleben dürften, wie sie wollten. Stattdessen kann sich heute jeder im Internet Vergewaltigungssequenzen, Massensex und Sex mit jeder beliebigen Tierart anschauen und sich das Sexobjekt seiner Wahl nach Haarfarbe, Nationalität, Alter, Vorlieben, Abarten usw. zusammenstellen. Die

Pornografie im engeren Sinn sowie leicht bekleidete Erotik hat einen Lebens- und Medienbereich nach dem anderen erobert und ist heute so allgegenwärtig, dass man zwangsweise an ihr teilnehmen muss, selbst wenn man sie ablehnt. Nichts geht mehr ohne sie. Wer sich die Plakatwerbung anschaut, könnte meinen, dass Bekleidungsgeschäfte nur noch Unterwäsche und Bikinis verkaufen. Ganze Industriezweige werben fast nur mit massiver Erotik und verkaufen scheinbar ihre Produkte nur nebenbei. Selbst in manchen Männermagazinen ist die Werbung mittlerweile anzüglicher als die Bilder des redaktionellen Teils. Gesundheitssendungen scheinen ohne den Beweis, wie freizügig man ist, nicht mehr auszukommen. „Im Sommer 2002 zeigte das Schweizer Fernsehen zur besten Sendezeit in der Gesundheitssendung PLUS Frauen in Großaufnahmen, die vor der Kamera mit Vibratoren masturbierten.“[12]

Die Pornografisierung der Gesellschaft erreicht immer neue Teile der Gesellschaft, der Kultur und der Freizeitbeschäftigung. Ein Beispiel soll hier genügen: Waren knapp bekleidete Sportlerinnen schon lange ein beliebtes Mittel der Werbung, so verschwimmen Sport, Medienberichterstattung, erotische Inszenierung der Sportlerkörper[13] und Pornografie spätestens, seitdem Sportlerinnen im Playboy und vielen anderen Zeitschriften ihre durchtrainierten Körper nackt zeigen und für Umsatz sorgen, sofern sie nicht sogar ihre kaum bekleideten Körper gleich selbst in Kalendern oder auf ihren Websites anbieten. Auflagenstarke Zeitschriften wie Sports Illustrated leben von nichts anderem, und die pornografischen Videoclips und Nachtprogramme eines deutschen Sportfernsehkanals finanzieren erhebliche Teile des Programms.

Statistiken zur Verbreitung der Pornografie

Nielsen NetRatings, ein US-amerikanischer Statistik-Service, der sich auf Erhebungen von Internet-Aktivitäten spezialisiert hat, erhält Daten zum Internetgebrauch von 225.000 Computern in 29 Ländern[14] – also ähnlich, wie man die Einschaltquoten beim Fernsehen erfasst. Daneben gibt es weitere spezialisierte Firmen, die zuverlässige Daten zum Internetgebrauch erheben.[15] Internet Filter Reviews (Top Ten Reviews) hat aufgrund der Angaben von Nielsen Net Rating und anderer Internetplattformen eine sehr detaillierte Statistik zum Thema veröffentlicht, auf die wir uns im Folgenden, sofern nicht anders angegeben, stützen. Hier einige der Zahlen:

Zahlen rund um die Internetpornografie (IP) weltweit	**2006**
Zahl der IP-Websites	4,2 Mio. = 12% aller Websites
Zahl der Einzelseiten dieser IP-Websites	420 Mio.
monatliche Downloads von IP	1,5 Mrd. = 35% aller Downloads
erwachsene Internetnutzer, die bereits IP aufgesucht haben	42,7%
tägliche Anfragen zur IP in Suchmaschinen	68 Mio. = 25% aller Anfragen
tägliche IP-E-mails	2,5 Milliarden = 8% aller E-mails
täglicher Empfang von IP-E-mails pro Computerbesitzer	4,5
Arbeitnehmer, die am Arbeitsplatz IP anschauen	44%
Websites mit Kinderpornografie	100.000
tägliche Anfragen nach Kinderpornografie	116.000

(Siehe die Übersicht zum Umgang von Jugendlichen mit Internetpornografie unten auf S. 26)

Nach einer Studie des Justizministeriums der USA im Jahr 2006 auf der Basis von Daten der Suchmaschinen Microsoft (MSN Search), Google, AOL und Yahoo sind 1,1% aller Websites als rein pornografisch im engeren Sinne einzuordnen, das heißt 260 Millionen Einzelseiten. Nicht alle, so das Ministerium, würden durch Filtersoftware erfasst, so dass Kinder auch bei Einsatz solcher Software beim Surfen leicht auf diese Seiten gelangen könnten.[16]

Jede Sekunde geben 372 Internetbenutzer Suchbegriffe mit pornografischen Inhalten ein. Die Eingabe von „Sex“ bei Google ergibt 721 Mio. Links, die Eingabe des Codes „XXX“ (ein gängiger Code für Sexinhalte) 181 Mio.[17] „Gay Sex“ („schwuler Sex“) bringt es auf 79 Mio. Wer das heute aktuell ausprobiert, wird noch auf höhere Zahlen kommen, wobei die Ergebnisse aber sehr stark schwanken. Zum Vergleich: Beim Begriff „Money“ („Geld“) erhält man 5,6 Mio. Links.

Dabei verlagert sich die Pornoindustrie immer mehr vom Bild zum Film auf DVD oder im Internet. Alle 39 Minuten wird ein neues pornografisches Video in den USA produziert. Bereits 1996 wurden in den USA jede Woche 150 neue Hardcorevideos produziert, deren Gesamtumsatz den aller Hollywoodfilme überstieg.[18] Obwohl seitdem das Internet explosionsartig an Bedeutung gewonnen hat, hat das der Pornofilmproduktion, inzwischen auf DVD, keinen Abbruch getan. 2005 waren es 261 Pornofilme auf DVD pro Woche, 13.600 im Jahr.

Neue Sexfilme in den USA pro Jahr	
Jahr	**Anzahl**
1988	1.300
1992	2.200
1996	8.000
2000	11.500
2004	12.000
2005	13.600

2003 gab es weltweit geschätzte 800 Mio. Leihvorgänge für pornografische Videos und DVDs.[19] Man sollte Hollywood längst in Pornywood umbenennen. Zwei Drittel aller Pay-TV-Filme, die in Hotels angesehen werden und aus Gründen der Diskretion ohne Titelangabe auf den Rechnungen erscheinen, sind Hardcorefilme, und das, obwohl Fernseher und Internetanschlüsse in den Hotels vorhanden sind. Die oft auf Geschäftskosten abgerechneten Bezahlfilme machen schon lange ein nennenswertes Geschäft aller Hotelketten aus.[20]

Derzeit erobert die Pornografisierung sogar das Handy. Auch Kinder und Jugendliche downloaden sich pornografische Klingeltöne, Bilder und Filme oder stellen diese gar gleich selbst her und versenden sie an andere oder stellen sie ins Internet. Der ohnehin schon mit millionenschweren Umsätzen operierende Telefonsex erobert nun auch wegen günstigerer Gebühren den Handymarkt samt Filmen zum Download.

Kommerzielle Telefonsexangebote wurden in Deutschland im Jahr 2000 von ca. 30.000 Anrufern täglich genutzt, Tendenz trotz Internet steigend. Vier von fünf Telefonsexkunden haben dabei eine feste Partnerschaft.[21] Private Sextelefonate dürften die ermittelte Zahl noch erheblich steigern. Nach dem Wall Street Journal wird der Gewinn der weltweiten Telefonsexindustrie auf 1 Milliarde Dollar geschätzt, wobei für die nächsten Jahre eine Steigerung auf das Dreifache erwartet wird.[22] Alle großen Netzanbieter rüsten für die Handysexfilme auf. Orange von France Télécom gibt an, dass derzeit bereits 25% aller Handydownloads dem Erotikbereich zuzurechnen sind.[23]

In diesem Buch werden wir die Comic-Industrie und die virtuelle Spielindustrie, die über weite Strecken bereits in allen Sparten der Pornografie mithalten können, nur am Rande streifen. DER SPIEGEL schreibt, dass die meisten dort dargestellten Frauen kaum bekleidet und „das genaue Abbild der banalsten Phantasien“ sind.[24] „Lara Croft ist eine infame Kreuzung aus Cowgirl, Pin-up und Emanze.“[25] Aus Japan mit seiner ganz eigenen langen Pornografiegeschichte[26] stammen inzwischen im Gefolge der einst ehrwürdigen Zeichentraditionen Millionen von Bildern, die gezeichneten Sex mit minderjährig wirkenden Mädchen zeigen, oft auch als Vergewaltigung. „In Japan sind Figuren aus der Anime- und Manga-Kultur – glatte, oft spärlich bekleidete Comicgirls mit übergroßen Augen und meist auch übergroßen Brüsten – zu Platzhaltern der Lust mutiert.“[27]

Frauen ziehen nach

Feministinnen verweisen zu Recht darauf, dass Pornografie Männersache ist und viele Frauen keinerlei Verständnis dafür haben, was Männer an Pornografie nur so magisch anzieht. Alle Statistiken belegen den hohen Anteil der Männer an jeder Spielart der Nutzung von Pornografie und Sexindustrie, und bei Scheidungen aufgrund von hohem Pornokonsum sind es fast immer die Männer, die nicht davon lassen können. Doch wie beim Rauchen oder bei frühen sexuellen Kontakten von Teenagern, die lange eine Domäne der Männer waren und als typisch männlich galten, aber allmählich von Frauen „erobert" wurden, wächst der Markt von Pornografie für Frauen rasant, eine Entwicklung, die schon vor 25 Jahren leise, aber bestimmt begann.[28] Es gibt eigene Pornoläden für Frauen, Gegenstücke zu den Männermagazinen, eigene Websites für heterosexuelle Frauen, die Männer sehen wollen, ebenso wie für homosexuelle Frauen (auch wenn die überwiegende Zahl der Bilder und Filme mit zwei Frauen bei sexuellen Handlungen von Männern angesehen werden). Zudem werden viele Pornowebsites von Frauen betrieben, von denen Beate Uhse nur die bekannteste ist. Corinna Rückert hat im Jahr 2000 „Frauenpornographie: Pornographie von Frauen für Frauen"[29] umfassend dargestellt, die Entwicklung ist seitdem schnell vorangeschritten.

Nach Angaben der großen Internetratingfirmen comScore und Nielsen NetRatings und Umfragen von Medien wie Elle-MSNBC.com schauen 32 Mio. Amerikanerinnen oder nach anderen Zählungen 41% aller Frauen in den USA wenigstens einmal im Monat pornografische Websites an[30] und zählen 10 Mio. Frauen in den USA zu den regelmäßigen Internetpornografienutzern.[31] 13% der Frauen in den USA geben an, schon Zeit am Arbeitsplatz für den Besuch von Internetpornografie genutzt zu haben.[32]

Bereits 25% der Sexsüchtigen in den USA sind weiblich,[33] 40% der Sexvideos werden von Frauen ausgeliehen.[34] Frauen schauen sich dabei allerdings seltener brutale Sexdarstellungen an als Männer, neigen aber dafür viel stärker als Männer dazu, das Gesehene, sofern als positiv empfunden, in die Praxis umzusetzen, also nach entsprechenden Bildern und Filmen erstmals Gruppensex, homosexuelle/bisexuelle Beziehungen oder Gelegenheitssex zu praktizieren.

Das Geschäft mit der Pornografie

An der Pornografisierung der Gesellschaft sind nicht zuallererst die Politiker schuld, die die Pornografie gesetzlich freigegeben haben, sondern die Geschäftemacher der Pornoindustrie, der Medien und der Werbung und die Hunderte Millionen von Nutzern, die ihnen Milliarden in den Rachen werfen. Jede Sekunde werden 3.075 Dollar für Internetpornografie ausgegeben. „Das hatten die Propagandisten der sexuellen Revolution allerdings ganz anders gesehen - oder vielleicht auch wieder nicht. Denn von Anfang an war die Ideologie nur ein dünner Firnis über knallharten Wirtschaftsinteressen. Nur überzeugte Anhänger des selbsternannten Sexualpropheten Wilhelm Reich hatten sich damals vor 40 Jahren Orgon-Kästen zur Sammlung und Potenzierung von Lebensenergie gebaut, überzeugte Kapitalisten hatten dagegen Pornos produziert und verkauft. Selbst die legendäre Kommune 1 hat mehr Wirkung durch ihre Kooperation mit den Medien, die sie sich gut bezahlen ließ (so entstand etwa das bekannte Bild der nackten Hinterteile zur Selbstvermarktung), entfaltet als durch die Propagierung der freien Liebe.“[35]

Pornografie ist an erster Stelle Kommerz.[36] Mit Pornografie werden nach recht zuverlässigen Schätzungen derzeit jährlich ca. 57 Milliarden Dollar (2006) legal umgesetzt. Daran ist das Internet erst mit 5% beteiligt, weswegen hier auch so aggressive Werbung betrieben wird und der eigentliche Boom noch vor uns liegt. Für den Schwarzhandel mit Kinderpornografie und anderen in fast allen Ländern verbotenen Formen der Pornografie dagegen gibt es nur Vermutungen. Die 420 Mio. pornografischen Einzelseiten im Internet gehören dabei nur rund 50 Firmen.[37]

Umsatz der Pornografieindustrie weltweit	
Art	**in Milliarden $**
Umsatz weltweit	57
davon Umsatz USA	12
Videos/DVDs	20
Begleitservice nach Film- und Fernsehwerbung	11
Magazine	7,5
Sexclubs	5
Telefonsex	4,5
Kabel und Bezahlfilme	2,5
Internet	2,5
CD-ROM	1,5
Verschiedene	2,5

Deutschland liegt, was die Zahl der Einzelseiten mit Pornografie und was die Zahl der produzierten Sexfilme betrifft, nach den USA auf Platz 2. Größter legaler deutscher Produzent von Pornografie ist die auf kleine Anfänge 1946 zurückgehende, an der Frankfurter Börse notierte Beate Uhse AG, die in 14 Ländern Geschäfte macht, 1.500 Mitarbeiter hat und 2005 einen Umsatz von 370 Mio. € und einen Gewinn von 41,4 Mio. € machte, Tendenz steigend.[38]

Pornografie hat es entsprechend der technischen und

finanziellen Möglichkeiten immer gegeben,[39] sei es in der Kunst, sei es in der Literatur.[40] Auch heute spielt Pornografie in Literatur, Romanserien, Fotografierkunst, Bildender Kunst, Comics[41] und vielen anderen Gattungen und Medien eine große Rolle, doch DVD und Internet bringen die größte Zahl der Nutzer damit in Berührung.

Rodger Streitmatter hat detailliert dargelegt, wie sich die Pornografie ihren Weg durch alle Medien und Kunstgattungen gebahnt hat, sodass heute selbst die seriösesten Medien davon nicht verschont sind.[42] Der Weg ging historisch seit der Einführung der Pille von Playboy über James Bond-Filme zum Cosmopolitan-Magazin und der Vermischung von Pornografie und Popmusik etwa bei Madonna. Bis in die Gegenwart erobert die Pornografie mit immer neuen Tabubrüchen und Erotisierungen weitere Lebensbereiche. Schlagworte wie „Sex and the City", „Handysex" und „Reality TV" müssen hier genügen.

Von den Anfängen der Pornografie über Stummfilme, Tonfilme, Farbfilme, Schmalfilme, Verleihvideos, Kaufvideos, kopierte Videos zu DVD und Internet: Immer hat der Massenverkauf von Pornografie die technische Entwicklung mitbestimmt und vor allem für die Massenverwendung finanziert.[43] „Ob Daguerreotypie oder Polaroid-Fotografie, Videokassette oder CD-Rom – am Anfang waren es stets erotische Inhalte, die neuen Techniken zum Durchbruch verhalfen."[44] Ob es stimmt, dass VHS seinen Sieg über Betamax davontrug, weil VHS für Pornofilme von den Videoverleihern bevorzugt wurde, und derzeit der Standard HR-DVD über Blu-Ray siegt, da Sony Blu-Ray nicht für Pornofilme freigibt, kann ich nicht beurteilen, aber immerhin scheinen das die meisten Branchenkenner für möglich zu halten.

Das Ganze ist natürlich nicht von der Praxis der Sexindustrie zu trennen, von Prostitution über Swinger-Clubs und den Sextourismus (zum Beispiel nach Thailand) bis hin zum weltweiten heterosexuellen und homosexuellen Kinderprostitutionsmarkt. Einige Zahlen für Deutschland sollten hier aber genügen: „In Deutschland suchen pro Tag etwa 1,2 Millionen Männer die Dienste von Prostituierten auf. Der Jahresumsatz im Sexgewerbe, in dem die heterosexuelle Prostitution immer noch dominiert, betrug im Jahr 2004 knapp 15 Milliarden €. Die Bundesregierung schätzt die Zahl der Sexarbeiter auf rund 400.000 – 98 Prozent davon sind Frauen. Die Hälfte dieser Frauen sind Migrantinnen, die für eine gewisse Zeit legal in Deutschland leben und dann wieder in ihre Heimat zurückkehren – sie sind quasi Handlungsreisende in Sachen Sex. Ein großes Problem im Zusammenhang mit Prostitution ist der Menschenhandel: Nach UN-Schätzungen werden allein in Europa jährlich 500.000, meist osteuropäische, Frauen und Mädchen verschleppt und zur Prostitution gezwungen. Der Jahresumsatz, der mit Frauenhandel gemacht wird, wird auf rund zehn Milliarden € geschätzt."[45] Für 2006 ist der Jahresumsatz des deutschen Sexgewerbes ohne Pornoindustrie auf 18 Milliarden gestiegen.[46] 400.000 Sexarbeiterinnen und -arbeiter, das sind immerhin 0,5% der Bevölkerung,[47] und 1,2 Mio. männliche Freier sind 1,5% der Bevölkerung bzw. 3% der männlichen Bevölkerung.

Späte Reue

Alice Schwarzer hat bereits 1988 bereut, dass sie 1975 die völlige Freigabe der Pornografie mit verursacht hatte: „Es ist wahr, daß wir alle, auch jemand wie ich, damals nicht alarmiert waren. Für mich war die Reform des Sexualstrafrechtes ein Fortschritt."[48] Schwarzer und andere waren damals nicht nur nicht alarmiert, sondern haben die Warner, die die Entwicklung vorausgesehen haben, bekämpft und lächerlich gemacht.

Über einen der Väter der sexuellen Revolution schreibt Schwarzer: „Alexander Mitscherlich hat 1975 in dem Hearing zur Sexualrechtsreform gesagt, er sei für mehr Freiheit und er hoffe auf den Schock der aufklärenden Selbsthilfe der Bürger gegen Schund. Ich möchte Alexander Mitscherlich, der nicht mehr lebt, nichts unterstellen, aber ich vermute, er würde zu den Menschen gehören, die heute die Hände über dem Kopf zusammenschlagen über die Entwicklung der letzten 13 Jahre, die die Liberalisierung des Porno-Paragraphen nicht verursacht, aber möglich gemacht hat."[49]

Sozialliberale Politiker gingen davon aus, dass die Pornografie sich mit der Freigabe auf ein erträgliches Maß einpendeln würde – ein totaler Trugschluss.[50] Ausgerechnet der Psychoanalytiker Alexander Mitscherlich wies also auf die Gefahr „aggressiver Schundliteratur" hin, wollte aber selbst auch nur Aufklärung dagegensetzen. Die Geister, die man gerufen hat, wird man heute aber nicht mehr los.

Auch viele andere, die an der Freigabe der Pornografie 1975 beteiligt waren, sind später und damit eben zu spät ernüchtert worden. Die spätere Bundesfamilienministerin Renate Schmidt (SPD) berichtete 1990 von der Fehleinschätzung der Freigabe der Pornografie 1975.[51] Sie behauptet, dass „man" keine Änderungen erwartete,[52] was natürlich bestenfalls für die damaligen Regierungsparteien galt. Schmidt schreibt: „Zudem hat sich die Annahme von damals, es werde zu keiner nennenswerten Steigerung des pornographischen Materials kommen, als irrig erwiesen."[53] Wieso feierte Beate Uhse dann damals das neue Gesetz auf den Bahamas und erwartete riesige Umsatzsteigerungen?[54]

Heute erlebt Renate Schmidt das, was die einstigen Warner durch sie und andere erleiden mussten. Sie berichtet, dass, seitdem sie sich kritisch mit dem Thema Pornografie auseinandersetze, sie eine merkwürdige Zurückhaltung vieler Bekannter erlebe, die nicht glauben können, dass eine so lebensfrohe Frau so prüde und verklemmt sei.[55] Kein Wunder, dass sie ihr Amt als Bundesfamilienministerin nicht nutzte, um wenigstens Familien vor dem Zugriff der völligen Pornografisierung zu schützen. Typisch ist auch, dass ein von Renate Schmidt herausgegebener Band, der sich kritisch mit Pornografie auseinandersetzt, trotzdem Beiträge der Pornoindustrie selbst enthalten muss,[56] so einen Jubelgesang von Beate Uhse auf ihre Firmen „Beate Uhse Versand" und „Dr. Müller Läden".[57]

Auch einer der Väter der sexuellen Revolution, Ernest Borneman, bedauerte die Entwicklung, machte sich aber zugleich über alle Pornografiegegner lustig[58] und stellte den angeblich patriarchalischen Kapitalismus als eigentlich Schuldigen hin. Er beklagte treffend: „... eine stetig wachsende Vermarktung der Sexualität und eine rapide Verwandlung des Geschlechtsverkehrs in einen Warenverkehr ... Mein eigentliches Thema ist die Zersetzung aller sexuellen Werte und ihr Zerfall in Tauschwerte, die Verdinglichung der Libido [= sexuelle Begierde] und ihre Reduktion zum Konsumartikel."[59]

Kinder und Jugendliche: Aufklärung durch Pornografie

These: Pornografie ist das irreführende Hauptwerkzeug der Aufklärung von Kindern und Jugendlichen geworden.

„Da allgemein akzeptierte Programme der Sexualerziehung fehlen, sind Erotika das vorrangige Mittel der sexuellen Sozialisation geworden",[60] mit denen viele Kinder schon am Ende des Grundschulalters in Berührung kommen.

Ich stehe im Zeitschriftenladen neben zwei schätzungsweise 13-jährigen Mädchen, die sich in Magazinen nackte Männer anschauen, die Größe ihrer Penisse in normaler Lautstärke bewundern und über die Größe derer ihrer Klassenkameraden lästern. Aufklärung in Deutschland live. Da können Beziehungsratgeber noch so oft betonen, dass die Größe des Penis mit der Qualität von Sexualität und Beziehung nichts zu tun hat: Hier werden Teenager für ihr Leben geprägt.

Eine Ausgabe der Bravo Sport (laut Heinrich Bauer Verlag für Jungen ab 10 Jahren) enthielt die bebilderte Werbebeilage „Pralle Brüste, so weit das Auge reicht", berichtete der Focus, der die Werbebeilage natürlich sofort im Kleinformat abdrucken musste. Die Ausgabe von Bravo Sport vom 19.10.2006 enthält laut Focus „38-mal nackte Brüste".[61] So sieht heute Aufklärung aus. Und Bravo und verwandte Zeitschriften gelten bekanntlich unter vielen Jugendlichen heute als „Kleinkinderkram".

Vor allem männliche Jugendliche interessieren sich in einem bestimmten Alter für alles, was ihnen rund um die Sexualität geboten wird. Das Interesse daran, wie man mit dem anderen Geschlecht umgehen kann, ist völlig normal und natürlich. Der Raum zur Diskussion über alle Aspekte von Liebe, Partnerbeziehung muss selbstverständlich gegeben sein. Unnormal ist, dass die Beziehungen zu Mädchen und Frauen durch die Pornografie auf den sexuellen Aspekt reduziert werden und über die ständige und schnelle Stimulierung sexueller Erregung alles andere, was lebenswert und liebenswert ist, in den Hintergrund gerät. Wer einmal zugehört hat, wenn heute Jugendliche mit Pornos auf ihren Handys über Mädchen und Frauen (zum Beispiel ihre Lehrerinnen!) reden und womit sie prahlen, dem kann nur Übles schwanen.

Ungezählte Studien, vor allem in den USA, aber zunehmend auch für die verschiedensten Länder der Erde, zeigen, wie unglaublich hoch die Nutzung von Porno-DVDs und Internetpornografie unter Minderjährigen ist, aber auch, wie viele gegen ihren Willen damit in Berührung kommen. Denn: „Wer Pornos sucht, findet sie auch – dies gilt für Erwachsene ebenso wie für Minderjährige."[62] Kinder geraten dauernd auf entsprechende Seiten und in Chats, selbst wenn sie es gar nicht wollen.[63] Eine Studie[64] der renommierten Kaiser Family Foundation ergab, dass von keiner Altersgruppe ein höherer Prozentsatz Internetpornografie nutzt als die 12- bis 17-Jährigen. Weitere Ergebnisse für die USA lauten:

Jugendliche und Internetpornografie (IP) in den USA	
Durchschnittliches Alter bei Erstkontakt mit IP	11 Jahre
Altersgruppe mit dem höchsten IP-Konsum	12-17
15-17-Jährige, die IP mehrfach angeschaut haben	80%
Anteil der 8-16-Jährigen, die IP gesehen haben	90%
Anteil der 15-17-Jährigen, die ungewollt mit IP konfrontiert wurden	70%

Greifen wir einfach einige Beispiele und Untersuchungen aus dem weiteren Feld der wissenschaftlichen Untersuchungen heraus. Ein Team des Crimes Against Children Research Center der University of New Hampshire erarbeitet für die US-Regierung regelmäßig den National Juvenile Online Victimization Report und den Youth Internet Safety Survey anhand eines repräsentativen Querschnitts von 1.501 amerikanischen Jugendlichen zwischen 10 und 17 Jahren, die regelmäßig das Internet nutzen. Daraus ergibt sich eine lange Serie wissenschaftlicher Veröffentlichungen in den letzten vier Jahren, die höchst beunruhigend sind.[65] 2002 gaben 19% der Jugendlichen ungewollte Berührungen mit sexuellen Aufforderungen an, 25% ungewolltes Sehen von sexuellen Materialien, 6% gaben an, im Internet bedroht und belästigt worden zu sein.[66] 49% sagten niemandem etwas,[67] bei sehr aggressiven Vorfällen sagten immer noch 36% nichts. 69% der Eltern hatten keine Ahnung, wo man solche Vorfälle melden kann.[68]

Für 2005 kamen sie zu dem Ergebnis, dass jeder dritte Minderjährige (34%, 2000 waren es noch 25%) ungewollt pornografisches Material im Internet sieht und jeder elfte Minderjährige im Zusammenhang mit sexuellen Themen bedroht oder anderweitig aggressiv behandelt wurde. 4% gaben an, um Nacktfotos oder sexuelle Darstellungen gebeten worden zu sein. 79% aller ungewollten Begegnungen mit Pornografie geschahen dabei von zu Hause aus, 9% in der Schule, 5% bei Freunden und 5% in öffentlichen Bibliotheken und an anderen Orten.[69]

38% der untersuchten Jugendlichen in Taiwan sehen Internetpornografie; das hat nachweislich Einfluss in Richtung auf risikohaftes und liberales Sexualverhalten.[70]

Unter den 16- und 17-Jährigen in Australien haben nach einer soziologischen Studie[71] von 2006/2007 drei Viertel der Jungen und 10% der Mädchen nicht jugendfreie („x-rated“) Pornofilme gesehen. Drei Viertel der Jungen sind aus Versehen schon mehrfach auf pornografische Internetseiten gestoßen, 38% der Jungen und 2% der Mädchen geben an, absichtlich solche Seiten besucht zu haben. Die meisten halten es für unmöglich, pornografischen Darstellungen im Internet aus dem Weg zu gehen.

Eine Befragung von 745 repräsentativ ausgewählten niederländischen Teenagern zwischen 13 und 18 im Jahr 2006 ergab, dass 71% der männlichen und 40% der weiblichen Jugendlichen in den 6 Monaten vor der Befragung pornografischem Material ausgesetzt waren.[72]

Bradley S. Greenberg hat im Jahr 1994 Untersuchungen zusammengestellt, die sich mit der Verbreitung sexueller Themen in den normalen Massenmedien befassen.[73] Schon 1984 fand eine Untersuchung von Videos von MTV und anderen Fernsehsendern in den USA heraus, dass 60% aller Musikvideos sexuelle Inhalte hatten.[74] Bereits 1985 studierten Forscher 62 Musikvideos auf MTV und stellten fest, dass praktisch alle erotische und sexuelle Darstellungen und daneben Darstellungen von Gewalt bzw. Kriminalität enthielten.[75] Für die Gegenwart zeigen wissenschaftliche Zählungen ebenfalls, dass Musikvideos praktisch ausnahmslos erotische und pornografische Bilder und Gewaltszenen zeigen, wobei diese meist in kurzen Clips beziehungslos nebeneinanderstehen.[76]

1993 wurde die Häufigkeit von Sex in Serien mit Seifenopercharakter (z. B. Dallas) untersucht, und zwar diejenigen, die am häufigsten von Schülern gesehen werden. Pro Stunde sind 3,67 sexuelle Handlungen zu sehen, von denen zwei Drittel einen Beischlaf zeigen (also 2,29 pro Stunde), wobei die Beteiligten zweimal so oft unverheiratet sind wie verheiratet.[77] Eine Untersuchung der politischen Magazine wie Time Magazine, Life und Newsweek von 1950 bis 1980 zeigte, dass es 1950 17 sexuelle Hinweise und Abbildungen auf 100 Seiten, 1980 dagegen schon 88 auf 100 Seiten gab,[78] also fast auf jeder Seite eine. Sex und Gewalt im „normalen“ Kinofilm steigern die Bereitschaft und den Wunsch, Gewalt gegen Frauen anzuwenden, und zwar mit oder ohne sexuelle Handlungen.[79] Und das alles vor Einführung der Massennutzung des Internet, des freien Zugangs zu Pornokanälen im Fernsehen für jedermann über Satellit und der Einführung von Handys, die Pornos herunterladen können!

Bettina Bremme hat darauf hingewiesen, dass gerade die Regenbogenpresse in Deutschland, aber auch linksliberale Magazine wie Stern und Spiegel, die sich verbal für die Frauenbefreiung stark machen, in massiver Weise Pornografie und ehrverletzende Darstellungen von Frauen einsetzen.[80]

Detlef Drewes[81] verweist darauf, dass die Zeitschriften der FKK-Bewegungen überwiegend nackte Kinder zeigen. Sie sind zwar eigentlich Kinderpornografie und werden oft nur deswegen gekauft, erfüllen aber nicht den gesetzlichen Tatbestand der Kinderpornografie, weil dafür eindeutig sexuelle Handlungen mit Kindern gezeigt werden müssen. Ähnlich berichten es Fachleute der Polizei: Pädophile lesen mit Vorliebe FKK-Kataloge und Zeitschriften wie Bravo – ein nennenswerter Prozentsatz der Bravo-Kunden sind Erwachsene, die sich nur für die Nacktfotos interessieren.[82]

Internetpornografie und Cybersex

Was ist das Besondere an Internetpornografie und Cybersex?[83] Mit dem Begriff „Cybersex" ist im engeren Sinn das Aufnehmen von sexuellen Kontakten zwischen zwei oder mehr Menschen im Netz gemeint, während bei sonstiger Internetpornografie der Nutzer mit sich allein ist. „Die besonderen Merkmale von Internet-Pornographie und Cybersex sind: leichter Zugang von zu Hause, Anonymität, niedrige Kosten, Mannigfaltigkeit und Devianz[84] des Materials, grenzenloser Markt, Auflösung der Grenzen zwischen Konsument und Produzent, interaktive Kommunikation, Experimentierraum zwischen Fantasie und realem Verhalten, virtuelle Identitäten, leichte Kontaktaufnahme zwischen Täter und Opfer bzw. verschiedenen Tätern sowie niedriges Entdeckungsrisiko. Dem Phänomen sexueller Sucht (oder Paraphilie[85]-verwandter Störung) kommt beim problematischen Umgang mit Internetpornographie eine besondere Bedeutung zu."[86]

In den USA hat sich die Kurzformel AAA „Triple-A" eingebürgert, um die Gründe für die Beliebtheit von Internetsex zu beschreiben: 1. accessibility, 2. affordability, 3. anonymity: 1. leichte Zugänglichkeit, 2. Erschwinglichkeit, 3. Anonymität.[87] Übrigens sollte deswegen auch die Hilfe für Betroffene im Internet ebenso angeboten werden: leicht zugänglich, kostenlos und anonym.[88]

„Merkmale von Internetpornographie

1. niedrige Zugangsschwelle: leicht zugänglich (zu Hause, jederzeit), kostengünstig, anonym
2. Vielfalt des pornografischen Materials: Fotos, Filme, Texte, Message-Systeme, Chats (zu zweit

oder mit mehreren Personen), audiovisuelle Kommunikation (Mikrofon, Webcams), in Zukunft evtl. auch Übertragung anderer Sinnesqualitäten
3. grenzenloser Markt: ständig neues Material
4. Verschwimmen der Grenzen zwischen Konsument, Produzent und Anbieter
5. deviantere, gewalttätigere Pornografie
6. interaktive Kommunikation mit gegenseitiger Beeinflussung von Fantasien bzw. realem Verhalten, zeitversetzt und synchron
7. Raum zum Experimentieren zwischen Fantasie und ‚Real life'-Verhalten
8. virtuelle Identitäten
9. ermöglicht konkretes ‚Selbstvertauschungsagieren'[89]
10. erleichtert suchtartigen Konsum und Produktion
11. leichte, unbegrenzte Vernetzung: anonyme Kontaktanbahnung zwischen ‚Täter' und ‚Opfer' bzw. verschiedenen ‚Tätern'
12. niedriges Risiko bzgl. Entdeckung illegaler Aktivitäten“[90]

Monica Therese Whitty unterteilt die Internetpornografienutzer in drei Gruppen: 1. Nutzer, die dies nur gelegentlich zur Entspannung tun (recreational users), 2. Sexsüchtige, die das Internet als austauschbares Medium benutzen (sexual compulsive users) und 3. Nutzer, deren Sexsucht auf das Internet zurückgeht und die auf das Internet fixiert sind (at-risk users).[91]

Eine Besonderheit der Internetpornografie ist die Möglichkeit, sich Bilder und Filme für äußerst spezielle Wünsche und Abartigkeiten weltweit zu suchen, wie dies in einem Sexkatalog oder im Sexshop nie möglich wäre.

„Das Internet ermöglicht die Ausbildung neuer sexueller Mikrokulturen“[92], das heißt, wenn eine bestimmte merkwürdige Spielart von Sex oder Gewalt nur von hundert Menschen auf der Erde gedacht, gewünscht oder praktiziert wird, können sie sich heute per Internet zusammenfinden. Nur deswegen gibt es Websites, die etwa die Vergewaltigung von schwangeren Teenagern zeigen[93]. Die Konsequenzen dieser Entwicklung sind derzeit noch gar nicht abzusehen!

Die Gefahren sind dabei von Fachleuten immer wieder gut zusammengestellt worden. Strittig ist nur, ob man die genannte Entstehung von sexuellen Sondergruppen und die Möglichkeit, für alle Wünsche auch reale Partner zu finden, als Chance oder als Gefahr sieht. Dies gilt etwa für Andreas Hill, Peter Briken und Wolfgang Berner, die zunächst die „Chancen“ benennen, dann aber doch die Risiken wie folgt auflisten:

„Risiken [von Cybersex und Internetpornografie]
- Vermeidung von ‚realen‘ – sexuellen und nicht-sexuellen – zwischenmenschlichen Kontakten, Isolation, Vereinsamung
- Unzufriedenheit mit ‚Real-life‘-Sexualität und -Beziehungen, die mit den ausgefeilten sexuellen Fantasien und Bildern aus der virtuellen Internetwelt nicht ‚mithalten‘ können
- Belastung von Partnerschaften
- Flucht in eine virtuelle Welt
- Normalisierung des Ungewöhnlichen
- süchtige Entwicklungen (unbegrenzte, leichte Verfügbarkeit von Pornografie und Cybersex)
- Senkung von Hemmschwellen: wiederholte, evtl.

selbst- und/oder fremdschädigende Fantasien werden leichter ‚in real life' umgesetzt

- Steigerung sexuell aggressiver Impulse
- Missbrauch von im Netz aufgebauten Vertrauensverhältnissen
- von Dritten nur schwer kontrollierbares Medium"[94]

II. Psychologische Folgen der Pornografie

Das neue Tabu

Das Magazin Stern schreibt: „Die Klage über lockere Sexualmoral ist älter als der Minirock. Doch diesmal warnen keine verklemmten Spießer, Fundamentalfeministinnen oder prüde Kirchenmänner. Es sind Lehrer, Sozialpädagogen, Erziehungswissenschaftler, Hirnforscher, Therapeuten, Sexualwissenschaftler und Beamte in Jugendämtern. Sie beobachten nichts Geringeres als eine sexuelle Revolution. Doch dabei geht es nicht um freie Liebe. Mit Freiheit und mit Liebe hat es nichts zu tun. Der Motor für diese Umwälzung der Sexualität sind keine Ideale. Es ist Pornografie ..., eine Form der Verwahrlosung: sexuelle Verwahrlosung."[95]

Liest man die Sammelbände einschlägiger Fachtagungen wie etwa der 2003 von der Gesellschaft für Sexualwissenschaft e.V. in Leipzig veranstalteten Tagung „Sexualität und Neue Medien",[96] bei denen kein Gegner der Pornografie referierte oder jemand, der Pornografie aus ethischen oder religiösen Gründen ganz oder teilweise infrage stellt, ist man erschüttert, dass diese Ergebnisse samt und sonders weitgehend folgenlos bleiben. Dasselbe gilt für Fachbücher wie das Handbuch für Strafverfolgungsbehörden und Beratungseinrichtungen eines Psychologie- und eines Soziologieprofessors über Sexualstraftäter im Internet von 2007.[97]

„Die intensive Nutzung pornografischer Medienangebote steigert die selbst zugegebene Vergewaltigungsbereitschaft von Männern. Sowohl zwangsausübende als auch nicht zwangsausübende sexuelle Darstellungen haben diese Wirkung",[98] schreibt etwa Dolf Zillmann, amerikanischer Psychologieprofessor und seit Jahrzehnten einer der führenden Pornografieforscher, im 2004 erschienenen „Lehrbuch der Medienpsychologie". Doch warum hört man das fast nie in den Medien oder im Sexualaufklärungsunterricht der Schulen?

These: War einst Pornografie selbst das Tabu, so ist heute eines der größten Tabus, davor zu warnen bzw. nur die Frage zu stellen, ob sie möglicherweise negative Folgen hat.

Wir haben es hier mit massiven Tabus zu tun! Die alten Tabus beinhalteten, dass man über Sex nicht redete, ihn nicht beschrieb oder zeigte und ihn schon gar nicht öffentlich praktizierte. Diese Tabus sind weitgehend gefallen. Selbst an meinem Wohnort, im bürgerlichen Bonn, begegnet man regelmäßig Schülern unter 14 Jahren, die sich in einer Weise öffentlich küssen, die Kleidung hochschieben, gegenseitig ihre Geschlechtsteile streicheln, als wären sie völlig allein. Und im Internet ist nichts, aber auch gar nichts mehr rund um die Sexualität tabu.

Stattdessen sind aber in der Öffentlichkeit neue Tabus an die Stelle getreten, nämlich die Unwilligkeit, über die Folgen des sexuellen Massenkonsums und des Pornografiezwangs zu berichten und zu sprechen. Man tabuisiert die Sexsucht. Man tabuisiert die Pornografiesucht. Man tabuisiert die Folgen, die es für die Entwicklung von Kindern hat, wenn sie im Alter von zum Beispiel zehn Jahren in Filmen und Bildern gemeinsam Dinge sehen, die andere nicht einmal zu denken wagen. Man tabuisiert, dass die Botschaft der Verfügbarkeit der Frau alle Erfolge der Gleichberechtigung zunichtemacht. Man tabuisiert, wie viele Scheidungen auf Pornografie und Sexsucht oder durch sie ausgelöste Seitensprünge zurückgehen. Massenhafte Pornografie reduziert nachweislich den Wunsch auf langfristige Beziehungen und den Kinderwunsch. Aber es ist tabu, darüber zu sprechen, welche Rolle die sexuelle Verwahrlosung dabei spielt, dass die Deutschen immer weniger Kinder bekommen.

Als gut gilt heute weithin, was die Medien für gut halten und welche Erkenntnisse sie „durchlassen" und nicht totschweigen. Wissenschaftler ziehen sich entweder in die Welt der Fachveröffentlichungen zurück oder aber bieten, was die Medien und Talkshows haben wollen. Dieses Buch will Einblick in eine Vielzahl von Erkenntnissen geben, die sonst dem Publikum unzugänglich bleiben, weil sie meist in englischer Fachterminologie verfasst und nur bibliothekserfahrenen Wissenschaftlern zugänglich sind.

Stufen der Pornografie (Begriffe)[99]

- Softcore-Pornografie (weiche Pornografie): Nacktdarstellungen (z. B. in Playboy, Praline)
- Hardcore-Pornografie (harte Pornografie): Darstellung gewaltfreier sexueller Handlungen (Selbstbefriedigung oder mit ein oder mehreren Partnern)
- Gewaltpornografie: Darstellung von Fesseln, Schlagen, aber offensichtlich noch mit Zustimmung aller Partner
- Vergewaltigungspornografie: Darstellung von Gewaltanwendung, aber sichtbar ohne Zustimmung von wenigstens einem Partner

Der Duden von 2001 definiert Pornografie wie folgt: „Die Darstellung geschlechtlicher Vorgänge unter einseitiger Betonung des genitalen Bereichs und unter Ausklammerung der psychischen und partnerschaftlichen Aspekte der Sexualität.“ Diese Definition wollen wir hier zugrunde legen.

Untersuchungen zur Schädlichkeit der Pornografie

These: Viele, wenn auch nicht alle, Untersuchungen belegen die Schädlichkeit der Pornografie.

In diesem Buch wird versucht, die Ergebnisse ungezählter psychologischer, medizinischer, soziologischer, sexualwissenschaftlicher und juristischer Studien zusammenzufassen.[100] Dabei haben wir auf christliche und theologisch-ethische Stimmen verzichtet, sodass nur säkulare Wissenschaftler und Fachleute zu Wort kommen, die in der Regel die christliche Sexualethik oder überhaupt jedwede moralische Beschränkung für alle Formen einvernehmlicher Sexualität ablehnen.

Mir geht es dabei in diesem Buch nicht zuerst um Politik und um Schutz- oder Verbotsmaßnahmen, sondern zunächst einmal darum, dass jeder sich selbst informiert und schützt und dann andere, die Hilfe brauchen, informiert, beschützt und ihnen Hilfestellung leistet.

Die führende feministische Pornografiekritikerin Catherine Itzin hat 2002 zahlreiche Untersuchungen zusammengestellt, die belegen, dass Pornografie verheerende Folgen hat.[101] Sie schreibt: „Seit über 30 Jahren wird der mit Pornografie in Verbindung stehende Schaden ausführlich auf verschiedene Weisen dokumentiert." Opfer sind direkt vor allem Frauen und Kinder, aber auch viele der an der Entstehung Beteiligten. Dazu kommen die Folgen der Einstellungen, die sich vor allem in männlichen Köpfen festsetzen. „Die Beweise für die Schädlichkeit kommen aus einer großen Breite unterschiedlicher Quellen, aus der experimentellen psychologischen Forschung, der sozialwissenschaftlichen Forschung, aus der klinischen Arbeit und Forschung mit Sexualstraftätern, aus den Berichten von Frauen und Kindern, die zu Opfern wurden ... darunter auch die erwachsenen Opfer von sexuellem Missbrauch von Kindern."[102] Itzin stellt auch speziell Untersuchungen zusammen, die zeigen, dass Frauenfeindlichkeit und Frauenhass, die man durch Pornografie konsumiert hat, dann auch vermehrt in die Praxis umgesetzt werden,[103] auch wenn dabei die Pornografie sicher nur eine verstärkende, nicht die alleinige Ursache ist.

Es wird oft behauptet, dass es nicht genügend Untersuchungen gäbe, um die Wirkungen von Pornografie genau belegen zu können. Dass ist natürlich richtig, liegt aber vor allem daran, dass die Forschung in diesem Bereich nicht konsequent betrieben wird, also weder Staat noch Wissenschaft wirklich in diese Forschung investieren. Zudem sind den Untersuchungen von den Möglichkeiten her enge Grenzen gesetzt. Man kann ja schließlich schlecht Vergewaltigungen im Labor untersuchen.[104]

Gegner der Pornografie haben zudem nie bestritten, dass eine Beziehung zwischen Pornografie und bestimmten Handlungen nur in statistischen Häufungen bestehen könne, nicht in einer zwingenden Kette in jedem Einzelfall.[105] Aber das gilt ja für jede psychologische Forschung! Auch sind Auswirkungen von Medienkonsum nie einlinig festzustellen, und sie sind nicht kurzfristiger, sondern meist langfristiger Natur.[106] Aber auch wenn man das berücksichtigt, ist das Ergebnis der vorhandenen Untersuchungen für die Pornografie verheerend.[107]

Eine leider immer noch oft angeführte Ausnahme bildet der Bericht der amerikanischen „Commission on Obscenity and Pornography"[108] auf Bundesebene von 1971, als noch kaum Untersuchungen zum Thema vorlagen. Er wurde jedoch durch die im Folgenden häufig herangezogene Folgekommission von 1986 überholt,[109] bezieht sich auf einen Stand erst kurz nach der Freigabe der Pornografie und wird wissenschaftlich auch von Befürwortern[110] der Pornografie als unhaltbar angesehen, so etwa weil der Kommission weder Kritiker der Pornografie noch Fachleute, etwa keine Psychologen, angehörten.[111] Das Thema Sexualität und Gewalt wurde völlig ausgespart und es gab keine Aufarbeitung bisheriger Untersuchungen.[112]

Ebenso wurde der gegenteilige Beweis der Harmlosigkeit der Pornografie nicht erbracht. Die Freigabe der Pornografie hat auch nirgends die Zahl der Sexualverbrechen gesenkt. Es stimmt zwar, dass in Dänemark die Zahl der Sexualverbrechen nach Einführung zurückging, aber nur, weil zur gleichen Zeit viele Straftatbestände wie homosexuelle Prostitution und Inzest aufgehoben wurden.[113] Dafür kommt heute aus Dänemark eine Flut von Kinderpornografie und auch ein Großteil der seltenen „Snuff"-Filme (Verkehr mit Opfern, die schließlich ermordet werden).[114]

Dass die Pornografie als Massenphänomen das Bewusstsein der Menschen ändert, ist selbst für Ulrich Vultejus, der davon ausgeht, dass keine negativen psychischen Folgen der Pornografie festzustellen sind, offensichtlich.[115] Und Jane Juffer hat nachgewiesen, wie stark Pornografie inzwischen den Alltag von Frauen bestimmt.[116]

Folgen für die Selbstachtung und das Bild der Sexualität

These: Pornografie hat verheerende psychologische Konsequenzen und kann reale Sexualität verschlechtern und behindern.[117]

Das größte Problem ist, dass sich bestimmte Denkweisen in den Köpfen festsetzen, die nicht der Realität entsprechen, die aber trotzdem das Verhalten bestimmen, als wären sie Realität.

Der Psychologe Herbert Selg, selbst Befürworter der Pornografie, hat die psychologischen Folgeprobleme der Pornografie im Auftrag des Pornomagazins ‚Penthouse'[118] erforscht und fasst sie treffend zusammen: „Erotika statten männliche Modelle häufig mit besonders eindrucksvollen Genitalien und hervorragender Potenz aus. Wahrscheinlich werden damit bei jüngeren Menschen ohnehin verbreitete männliche Minderwertigkeitsgefühle bestärkt. Daß die Penisgröße in Erotika gezielt übertrieben wird, daß sie in der Realität weniger wichtig ist als die Qualität der Beziehungen zwischen den Partnern und weniger wichtig als das Verhalten des Mannes, daß die männliche Potenz zwar stark variiert, aber nicht die Ausmaße phantasierter Porno-Helden annimmt, ist in gut gemeinten Aufklärungs-Büchern nachzulesen; diese erreichen aber eventuell nicht die gleichen Adressaten. Klinische Psychologen und Ärzte klagen – spricht man sie auf Pornographie an – über den

Leistungsdruck, der aus den extremen Darstellungen in pornographischen Werken erwächst. Die Frauen werden in der Pornographie vergleichbar verzerrt dargestellt. Zunächst einmal werden ganz überwiegend nur Modelle gewählt, die auf das gegenwärtige Schönheitsideal der angesprochenen Käuferschicht abgestimmt sind; fototechnisch sind dabei viele ‚Nachhilfen' möglich, so daß letztlich fast makellose und jugendliche Körper angeboten werden. Darin liegt wahrscheinlich sogar ein Grund dafür, daß viele Erotika von Frauen nicht angenommen werden: Sie spüren, daß hier körperliche Idealbilder aufgebaut werden, mit denen sie konkurrieren sollen und denen sie nicht – oder nur für relativ kurze Zeit – entsprechen können. Nehmen sie solche Erotika dennoch zur Kenntnis, können sich daraus durchaus Minderwertigkeitsgefühle ergeben. Darüber hinaus schildern pornographische Materialien das Verhalten und Erleben von Frauen nach dem Wunsch der produzierenden Männer: als stets sexuell ansprechbare Partnerinnen – oder als schnell verfügbar gemachte Sexualobjekte. Wahrscheinlich vergleichen Männer gewollt/ungewollt ihre Partnerinnen im Alltag mit den Porno-Modellen. Dies kann zu abwegigen Erwartungen bezüglich weiblicher Attraktivität und Sexualbereitschaft führen. Enttäuschungen, die auch kaum einmal durch Diskussionen aufgefangen werden, dürften die Folge sein."[119]

Friederike Sohn fasst ähnlich die Forschung zusammen: „In pornographischen Filmen werden die männlichen Akteure meist mit besonders großen Genitalien und einer hervorragenden Potenz dargestellt. Damit können besonders bei jüngeren Männern schon vorhandene Minderwertigkeitsgefühle verstärkt werden. Gerade die Darstellung des immer potenten Mannes kann zu Leistungsdruck führen. Die dargestellten Frauen entsprechen zum einen überwiegend dem gängigen Schönheitsideal, zum anderen werden sie nach den Wunschvorstellungen der Produzenten und Konsumenten als jederzeit bereite und schnell verfügbare Sexualobjekte präsentiert."[120]

Der vielleicht bedeutendste Pornografieforscher, der amerikanische Psychologieprofessor Dolf Zillmann,[121] nennt folgende psychologische Folgen des Konsums „harmloser" (weicher) Pornografie und erotischer Darstellungen:[122]

1. Die Botschaft der Pornografie steht mit ihrer angeblichen Erfüllung völlig freier und wechselnder Wünsche jeder längerfristigen Verpflichtung zur Ehe oder zur Kindererziehung völlig entgegen.[123]
2. Pornografie vermittelt den Gedanken, dass jede sexuelle Handlung zwischen Menschen möglich (und berechtigt) ist, die sich gerade zum ersten Mal getroffen haben.[124]
3. Pornografie fördert den Wunsch nach ständig wechselnden Partnern, die man sich wie im Kaufhaus nach vorgegebenen Kriterien auswählt.[125]
4. Pornografie vermittelt, dass Sexualität in jeder Lage ein extrem euphorisches Erlebnis ist.[126] Da sie das aber in der Realität nicht ist, führt Pornografie entweder zu ständigen Schuldzuweisungen an andere oder zur maßlosen Enttäuschung.

Zillmann schreibt zur „Zufriedenheit mit dem eigenen Sexualleben": „Die intensive Nutzung pornografischer Medienangebote fördert sexuelle Unzufriedenheit" und: „Sie vergrößert auch, wenngleich in geringerem Umfang, die Unzufriedenheit mit intimer Zuwendung."[127] Er führt aus: „Die Befunde[128] zeigen, dass die Unzufriedenheit sehr direkt sexuelle Verhaltensweisen betrifft. Die sexuelle Unzufriedenheit überträgt sich auf die intime Zuwendung oder Liebe, die von den Partner/inne/n erhalten wird ... Die Befunde sind vollständig konsistent mit den Vorhersagen der Theorie des sozialen Vergleichs. Die Beobachtung der exzessiven sexuellen Zufriedenheit anderer Personen, des utopischen Vergnügens in der Welt der Pornografie, führt tatsächlich zu sexueller Unzufriedenheit.“[129]

Was lehrt Pornografie?

1. Sex ist überall möglich und gut, zu jeder Zeit und mit jedermann.
2. Sex hat keine Konsequenzen.
3. Das Aussehen bestimmt den Wert der Menschen.
4. Sex ist ein Zuschauersport, der möglichst öffentlich stattfinden sollte.
5. Treue ist langweilig.
6. Frauen müssen immer zu allem bereit sein.
7. Frauen sind nackte Wesen und vor allem zur Befriedigung geschaffen.
8. Männer sind die Bestimmenden, und es hat nach ihren Wünschen zu gehen.
9. Oft tritt hinzu: Gewalt/Schmerzen und Sex gehören zusammen.

Vgl. dazu ausführlich die 47 Thesen auf S. 143-152

In der Pornografie gilt es als „typisch Frau“, selbst bei absurden Arten der sexuellen Stimulation, unter Schmerz, Zwang und Anwesenheit von Zuschauern willig, ja hysterisch und euphorisch zu sein, wenn jemand sie sexuell stimuliert.[130]

Da Frauen noch viel stärker als Männer darauf aus sind, sexuelle Handlungen in ein Umfeld der guten Beziehung, der Harmonie, des Vertrauens, ja der Versöhnung einzubetten und außerdem durch ihren Zyklus stärkeren Stimmungsschwankungen unterworfen sind als Männer, sind sie nicht jederzeit bereit und werden vermehrt überfahren, wenn nicht gar mit Gewalt gezwungen.[131] Pornografie macht Frauen oder Sexualpartner überhaupt zu reinen Erfüllungsgehilfen der eigenen Lust, die kein eigenes Mitspracherecht haben. Da waren wir gerade froh, dass die Emanzipationsbewegung dazu geführt hat, dass Frauen nicht mehr als Erfüllungsgehilfinnen der männlichen Sexualität gesehen werden, sondern ein eigenes Recht auf sexuelle Erfüllung haben, und schon hat die Pornografie das wieder zerstört.

Paulus schreibt in 1. Korinther 7,3-4 zur Sexualität („Der Mann leiste der Frau, was er ihr schuldig ist, desgleichen die Frau dem Mann. Die Frau verfügt nicht über ihren Körper, sondern der Mann. Ebenso verfügt der Mann nicht über seinen Leib, sondern die Frau"), dass das Geheimnis der Sexualität ist, dass die Frau nicht sich, sondern ihrem Mann gehört und der Mann nicht sich, sondern seiner Frau und beide den anderen, nicht sich selbst befriedigen sollen. Diese sexuelle Gleichberechtigung und das Denken von der Befriedigung des anderen her macht Pornografie zunichte, denn hier geht es immer um die eigene Befriedigung, entweder weil man sowieso allein ist oder weil der Partner jedwede Vorgaben immer und sofort zu erfüllen hat.

Die sexuelle Freizügigkeit führt oft zur Verachtung des anderen, aber auch zur vermehrten Unfähigkeit, Sexualität in Geborgenheit zu genießen. So heißt es etwa in einem

Buch über Herzkrankheiten: „Sexualität nicht mehr als selbstverständliches Geschehenlassen, als gefühlsgeleitete Zuwendung unter Liebenden, sondern als ‚Leistung': wie sie in Sexfilmen und -blättern als Norm dargestellt und von manchen als Erwartungshaltung ins Privatleben übertragen wird: dies dürfte ein entscheidender Grund dafür sein, dass viele Herz/Kreislauf-Leidende glauben, dieser vermeintlichen Norm (die in Wirklichkeit nichts anderes als eine Ausschaltung des Gefühls und eine Degradierung der Liebe ist) nun nicht mehr gewachsen zu sein."[132]

Dolf Zillmann und Jennings Bryant untersuchten die Auswirkungen von normaler, „harmloser" Pornografie.[133] Sie kamen zu dem Ergebnis: 1. Männer fühlen sich betrogen, wenn Frauen nicht so attraktiv sind und voll „mitspielen" wie die Frauen in Pornofilmen und werfen Frauen fälschlich Frigidität (= Gefühlskälte, Unfähigkeit zur sexuellen Erregung) vor. 2. Ihnen wird eine Euphorie vorgegaukelt, die in der Realität selten zu erreichen ist, was selbst eine gute sexuelle Beziehung als unbefriedigend erscheinen lässt.[134] 3. Die Ablehnungsrate von Gruppensex, Sadomasochismus, Bestialität usw. sinkt umso stärker, je intensiver normale Pornografie konsumiert wird.[135] Die Einstufung von Materialien als anstößig, gefährlich oder als für Kinder zu verbieten nimmt ebenfalls rapide ab.[136] Das geforderte Strafmaß für Vergewaltigungen sinkt um die Hälfte,[137] während die Zustimmung zum sog. „Vergewaltigungsmythos" (engl. rape myth), auf den noch näher eingegangen wird, stark steigt. Zillmann schreibt andernorts: „Fasst man die Ergebnisse der Studien ... zusammen, ergeben sich folgende Wirkungen der wiederholten Rezeption pornografischer Medienangebote, die alle möglichen sexuellen Praktiken beinhalten, welche ohne Gewaltausübung von freiwillig teilnehmenden erwachsenen Menschen ausgeführt werden ...:

a) Anfängliche unangenehme Emotionen und Gefühle des Angewidertseins gehen mit wiederholter Rezeption schnell zurück und verschwinden schließlich ganz.
b) Anfängliches Zögern, die Medienangebote zu genießen, wird mit der wiederholten Rezeption schnell aufgegeben und abgelöst durch Reaktionen reinen Vergnügens.
c) Die spezifische sexuelle Erregung (genitale Schwellung) tritt zu Beginn stark ein, geht aber mit der wiederholten Rezeption zu schwachen Reaktionen zurück.
d) Die allgemeine sexuelle Erregung (emotionale Aktivierung) besteht ebenfalls stark zu Beginn, geht aber mit der wiederholten Rezeption zu schwachen Reaktionen zurück.
e) Wird Pornografie der oben beschriebenen Art über einen längeren Zeitraum häufig rezipiert, produziert sie letztendlich Langeweile.“[138]

Dass Pornografie und die allgegenwärtige Darstellung kaum bekleideter und unbekleideter schöner junger Frauen dazu führen kann, dass sich viele Frauen vom Teenager[139] bis zur älteren Dame nicht mehr schön oder nicht schön genug finden, ist oft genug durch Untersuchungen belegt worden.[140] Essstörungen und andere psychische Störungen sind die Folge.[141]

Das Ergebnis haben viele Studien belegt: Die Häufigkeit der Selbstbefriedigung in unserer Gesellschaft hat gegenüber früher sehr stark zugenommen, die Zahl der gemeinsamen Sexualkontakte aber entgegen der landläufigen Meinung abgenommen.[142]

Folgen für die Beziehung zum Partner

These: Da Pornografie den Gedanken vermittelt, dass Treue äußerst langweilig ist und nur ständige Abwechslung befriedigt, zerstört sie Langzeitbeziehungen und hat zudem verheerende Konsequenzen für andere Lebensbereiche, in denen Treue gefragt ist.

Das National Research Council der USA kommt zu dem Schluss, dass alle Untersuchungen zeigen, welche Botschaft Kinder in Medien aller Art empfangen: Sexuelle Handlungen finden typischerweise zwischen zwei unverheirateten Erwachsenen statt, die sich überwiegend sehr kurz kennen und deren Verhalten keinerlei Folgen hat, wie sie im tatsächlichen Leben vorkommen (z. B. Versagen, Beziehungsprobleme, Schwangerschaft, Geschlechtskrankheiten).[143]

Hans-Bernd Brosius untersuchte 2005 „Die medial vermittelte soziale Realität in Pornografie und Erotikangeboten".[144] Er kommt zu dem Schluss: „Die öffentliche Debatte um den Pornographie-Begriff hat sich durch das Aufkommen des Internet wieder verschärft. Die Darstellung von sexuellen Themen in unterschiedlichen Medien und Genres wird insgesamt deutlich expliziter und extremer und gleichzeitig aber schwerer zu kontrollieren. Die vorliegende Studie argumentiert, dass durch mediale Botschaften die Weitsicht und die Realitätsvorstellungen von Rezipienten geprägt (kultiviert) werden. Dabei unterscheiden sich Pornographie- und Softsex-Filme, die zum Standardprogramm im deutschen Fernsehen gehören, zwar in der Explizitheit der dargestellten Sexualität, nicht aber bezüglich der dargestellten Realitätsentwürfe. Dies wird anhand dreier Inhaltsanalysen untersucht. Die Ergebnisse zu pornographischen und Softsex-Filmen belegen, dass in beiden Genres ein relativ ähnliches Bild sexueller Realität gezeigt wird: Menschen sind danach generell bereit, auch mit bisher Fremden, an allen möglichen Orten, auch in der Öffentlichkeit, Sex zu haben. Dabei muss kein weitergehendes Gefühl vorhanden sein. Spaß und Vergnügen reichen als Motiv aus. Frauen und Männer unterscheiden sich nicht in ihrer allseitigen Verfügbarkeit. Frauen werden dabei sogar noch promiskuitiver dargestellt als Männer. Unter der Perspektive des Kultivierungsansatzes liegt es nahe, dass Rezipienten durch langfristigen und wiederholten Konsum sowohl von Pornographie als auch Erotik diese verzerrte Realität der Filme als real übernehmen."[145]

Belegbare Folgen der Pornografie für die Partnerschaft[146]

1. Beziehung zum Partner wird belastet und zerstört (Scheidung);
2. abnehmende sexuelle Intimität und Befriedigung in der Beziehung;
3. Untreue;
4. wachsender Appetit für immer extremere Darstellungen, bis hin zu Illegalem;
5. Die Zahl der Süchtigen wächst – diese können nur schwer eine Beziehung aufrechterhalten;

Zitieren wir noch einmal Zillmann: „Die Befunde der empirischen Forschung zeigen eine Reihe von Einflüssen der Pornografierezeption auf die Wahrnehmung von und Einstellungen zu der Sexualität anderer Menschen ...

a) Die intensive Nutzung pornografischer Medienangebote führt zur Überschätzung der Häufigkeit fast aller sexueller Praktiken, die von sexuell aktiven Erwachsenen ausgeführt werden. Belegt sind starke Überschätzungen von Analverkehr, Gruppensex, sadomasochistischen Praktiken und sexuellem Kontakt mit Tieren. Eine Ausnahme stellt die Prävalenz oraler Sexualpraktiken dar. Zwar wird deren Häufigkeit allgemein unterschätzt, doch steigen die Einschätzungen über die Verbreitung mit der Intensität der Pornografienutzung an.
b) Die intensive Nutzung pornografischer Medienangebote bewirkt höhere Schätzungen der Verbreitung von vor- und außerehelichen sexuellen Aktivitäten sowie Annahmen größerer männlicher und weiblicher Promiskuität.
c) Die intensive Nutzung pornografischer Medienangebote führt darüber hinaus unter Beziehungspartner/inne/n zur Wahrnehmung von weniger Vertrauen und Ehrlichkeit insbesondere hinsichtlich heimlicher sexueller Bindungen.
d) Die intensive Nutzung pornografischer Medienangebote fördert und stärkt die Überzeugung, promiskuitives Verhalten sei gesund, wogegen die Verdrängung sexueller Bedürfnisse ein Gesundheitsrisiko darstelle.“[147]

Seit etwa drei Jahrzehnten gehört die Darstellung von außerehelicher Sexualität zu allen Fortsetzungsserien im Fernsehen, um von den Serien, die sich um kaum etwas anderes drehen (von Dallas bis Sex and the City), einmal gar nicht zu sprechen. Die enorme Häufigkeit des schnellen Sex zwischen zwei sich kaum kennenden Partnern, gleich ob verheiratet oder nicht, ist von der Wissenschaft oft genug exakt gezählt worden.[148] Mit ihrer langfristigen sexuellen Beziehung Zufriedene erscheinen praktisch nicht, zufriedene Ehepaare, wie sie früher noch klassische Serien wie „Hart aber herzlich“ (Hart to Hart) prägten, werden praktisch nie gezeigt, oder falls doch, dann als Karikaturen oder Heuchler.

Wie ein realer Seitensprung

Viele Partner von Pornografiekonsumenten haben große Probleme mit diesem Konsum. Zwar gilt als prüde, wer den massenhaften Pornografiekonsum seines (meist männlichen) Partners nicht als spaßigen Zeitvertreib einstuft, aber tatsächlich sind die meisten Partner von Masturbation vor wechselnden Pornobildern und -filmen tief getroffen, und viele setzen ihn mit einem Seitensprung gleich. Eine Untersuchung unter 500 Frauen in USA ergab: 37% verbieten Pornografie zu Hause, 75% finden sie sehr unangenehm, 42% beklagen den Vergleich mit anderen Körpern durch Pornografie.[149]

Der Präsident der Deutschen Gesellschaft für sozialwissenschaftliche Sexualforschung, Jakob Pastötter, fasst die Untersuchungen gut zusammen: „Im einzelnen lassen sich folgende Vorstellungen und Annahmen feststellen, die sich in der Folge eines als traumatisch erlebten Entdeckens des Pornographiekonsums des Partners bei betroffenen Frauen einstellen: Die Partnerschaft als solche wird in Frage gestellt, weil die Vorliebe des Partners als ‚Betrug‘, ‚Ehebruch‘ und ‚Affäre‘ eingestuft wird. Die eigene sexuelle Attraktivität wird angezweifelt, die Frauen sehen sich als ‚Ding‘ benutzt oder vernachlässigt. Schmerzhaft wird der Verlust von Intimität empfunden, von der sie sich nun ausgeschlossen fühlen. Das führt zu dem Erleben, daß der Partner kein Interesse an ihrem Wohlbefinden hat, weil es ihn ja offensichtlich nicht stört, wie man sich wegen seines Pornographiekonsums fühlt, oder daß er vielleicht nicht einmal versteht, worum es ihr geht. Allgemein wird die gesamte vorherige Beziehung in dem Sinne in Frage gestellt, daß man ‚eine Lüge' gelebt habe. Die Frauen fühlen sich als ‚sexuell nicht begehrenswert', ‚wertlos', auch als ‚schwach und dumm', während der Partner der ‚Sexsucht' verdächtigt wird, der ‚Perversion', der sexuellen ‚Degeneriertheit', die sich im Verlangen nach immer stärkeren Reizen, wie sadistischen Spielhandlungen oder etwa dem Einbeziehen von Urinieren, ausdrücke. Insgesamt wird daraus geschlossen, daß der Mann ein Lügner sei, der ihr nur etwas vorgemacht habe, daß er sich egoistisch verhalte und nur an seinen Wohlgefühlen interessiert sei, daß er ein schlechter Vater und Ehemann sei. Die negative Beurteilung sieht den Partner entweder als ‚krank' an, d. h. als ‚süchtig' ... ist eine häufige Aussage der betroffenen Frauen. Letztendlich entscheiden offensichtlich sein Ausdrücken von Reue und ein Besserungsversprechen über das Verbleiben der Frauen in der Partnerschaft."[150]

Raymond M. Bergner und Ana J. Bridges kommen etwa in ihrer Untersuchung von 2002 unter amerikanischen Frauen zu dem Schluss: „Die große Mehrheit der Frauen in dieser Studie verwendeten Begriffe wie ‚Untreue', ‚Betrug' oder ‚Affaire' (betrayal, cheating, and affair), um die Bedeutung zu beschreiben, die die Verwicklung ihrer Partner in Pornographie für sie hat."[151]

In einer nicht repräsentativen Studie wurden im Jahr

2002 von denselben Forschern 100 Partner von Pornografiekonsumenten ausgewählt und befragt. 26% sahen es als außereheliche Affäre an, 26% empfanden es so, als wenn sie ihren Partner verloren hätten, 39% gaben an, dass der Pornografiekonsum einen negativen Einfluss auf ihre Beziehung hatte, 32% gaben an, dies schwäche ihre sexuelle Beziehung, 34% berichteten, ihr Selbstvertrauen sei stark reduziert worden (Mehrfachnennungen waren möglich).[152]

Monica Therese Whitty befragte im Jahr 2002 1117 repräsentativ ausgewählte Amerikaner. Etwa die Hälfte sah keinen wirklichen Unterschied zwischen Online-Untreue und Untreue mit echten Personen sowie zwischen regelmäßigem Pornokonsum und realer Untreue, die andere Hälfte sah einen Unterschied. [153] Eine andere Umfrage in den USA von Ende 2005 stellt fest, 40% gäben an, dass Onlinesex einer Beziehung schade, 60%, dass sie ihr nicht (automatisch) schade.[154] Höher sind die Zahlen, wenn es zu „Cyber-Sex" im engeren Sinne kommt, das heißt zu einem Austausch mit einer realen Person über das Internet, und zwar selbst dann, wenn die Beziehung rein auf den Austausch von Texten beschränkt bleibt.[155]

Das heißt, aller „Gehirnwäsche" bzw. Dauerberieselung der letzten 30-40 Jahre zum Trotz und obwohl meist keinerlei religiöse oder andere Moral mehr im Hintergrund steht, empfinden Millionen von Menschen selbst in der westlichen Welt immer noch – und zu Recht – dass ein Gehirn, dass sich bei der Masturbation mit hoch aufreizenden Bildern und Filmen beschäftigt, dem realen Partner einen Konkurrenten an die Seite gestellt hat. Ähnliche Untersuchungen gibt es zuhauf.

Interessant ist, dass auch Partner, die kein traditionelles Eheverständnis haben, so reagieren, etwa im Falle von homosexuellen Männern oder Frauen oder Paaren, denen außereheliche Beziehungen nicht fremd sind. Jennifer Schneider befragte etwa 91 hetero- und homosexuelle Männer und Frauen zwischen 24 und 57 Jahren, deren Partner zu 60% nur Onlinesex praktizierten und zu 40% daneben auch real eine weitere sexuelle Beziehung unterhielten.[156] Typisch, so Schneider, seien die Gefühle der Partner, die sich durcheinander, verletzt, betrogen fühlten, Furcht empfanden, Selbstbewusstsein[157], Vertrauen und die Intimität der Beziehung verloren.[158] 68% berichteten, die sexuelle Beziehung sei gestört oder ganz eingestellt worden.[159]

Viele gaben übrigens auch typischerweise an, dass von ihnen erwartet wurde, ihre Toleranzschwelle ständig weiter zu senken, das heißt, dass sie immer intensivere und abstoßende Praktiken akzeptieren sollten.[160] Bei den immer weiter ausufernden Fantasien konnten sie nicht mehr mithalten.[161]

Schneider untersucht auch den typischen Ablauf der Reaktion nach Bekanntwerden des intensiven Pornokonsums des Partners. In der ersten Phase werde der Pornokonsum ignoriert oder verharmlost. In der zweiten Phase folge erst der Schock und die Isolation. Erst in der dritten Phase setzten dann Überlegungen ein, wie man den Partner konfrontieren, ihm helfen und ihn zurückgewinnen könne.[162]

Was tun, wenn der Partner durch Pornografie untreu wird

1. Informieren Sie sich zum Thema (wie Sie es mit dem Lesen des Buches gerade tun).

2. Versuchen Sie herauszufinden, wie häufig Ihr Partner Pornografie benutzt und ob er bereits suchthafte Züge an den Tag legt.
3. Sprechen Sie Ihren Partner freundlich, aber bestimmt an, und vermitteln Sie ihm ruhig, sachlich, aber auch klar und deutlich, wie Sie empfinden, was Sie nicht wünschen und warum Sie es nicht wünschen.
4. Fordern Sie Ihren Partner auf, sich selbst zu informieren und sich der Gefahren bewusst zu werden.
5. Fordern Sie Ihren Partner auf, sich professionellen Rat zu holen oder sich einem kompetenten Seelsorger oder einer Vertrauensperson anzuvertrauen.
6. Erwarten Sie von Ihrem Partner, dass er Ihnen einen durchdachten gemeinsamen Plan vorlegt, wie er der Sache Herr wird.
7. Sollte Ihr Partner immer und immer wieder nicht hören wollen, senken Sie nicht Ihre eigene Toleranzschwelle, da das kein Ende finden wird, sondern vermitteln Sie, dass der Pornografiekonsum und die fehlende Bereitschaft, sich helfen zu lassen, die Beziehung genauso beenden kann wie eine Affäre mit einer realen Person.
8. Bringen Sie in Erfahrung, ob Ihre Kinder (falls vorhanden) bereits etwas mitbekommen haben – was in der Regel so ist. Geben Sie Ihren Kindern die Möglichkeit, alles offen zu beschreiben und zu fragen, und erklären Sie deutlich, dass nichts davon Schuld der Kinder ist. Suchen Sie gegebenenfalls professionellen Rat für Ihre Kinder, wenn diese traumatische Folgen zeigen.

„Baumann stellt die provokante Frage, was realer sei, Cybersex oder In-Real-Life-Sex. Betrachtet man das Gehirn als das wichtigste menschliche Sexualorgan, verwischen sich auch die Grenzen zwischen ‚real‘ und ‚virtuell‘."[163] Arne Dekker hält Internetpornografie für eine Art elektronischen Spiegel, der die virtuelle Utopie mit der Realität verbindet. [164]

Man lese stattdessen aber einmal einen typischen Beitrag einer Frauenseite im Internet, der grundsätzlich Frauen unter Berufung auf Wissenschaftler empfiehlt, Toleranz walten zu lassen, obwohl die zitierten typischen Reaktionen der Frauen eine ganz andere Sprache sprechen.[165] Nach einer Beschreibung eines Falles heißt es: „Nun ja, klingt doch eigentlich ganz harmlos, mag man sich angesichts dieser Ergebnisse sagen ... Und doch: ‚Ich kam mir irgendwie so billig ersetzt vor. Ja, ich weiß, es sind nur Bilder, aber es tut trotzdem verdammt weh, vor allem, wenn man emotional so verletzlich ist wie in der Schwangerschaft‘, schreibt eine Frau im urbia-Forum. Eine andere, nachdem sie festgestellt hatte, dass ihr Partner fast täglich Pornos konsumiert: ‚Ich weiß mir keinen Rat mehr, ich stell mir die ganze Zeit nur noch vor, wie er vor dem PC sitzt und sich's selber macht ... ich bin so verzweifelt.‘ Was ist es, das in vielen Frauen diese unangenehmen Gefühle weckt? Vielleicht die Annahme, der Konsum von Pornographie sei eine Form des Fremdgehens? Oder der Schreck darüber, dass für den geliebten Mann Sex auch ohne Liebe möglich ist? ‚Pornographie ist keine Art des Fremdgehens‘, sagt Dr. Jakob Pastötter, ‚sie findet nur in der Fantasie, im Kopf statt.‘ Die Kölner Fachärztin für Psychiatrie und Psychotherapie mit Zusatzausbildung Sexualmedizin, Dr. Sigrid Kleinstoll, drückt sich etwas vorsichtiger aus: ‚Es ist ja sehr subjektiv, wie man Fremdgehen definiert. Manche fühlen sich bereits durch ein Seelengespräch ihres Partners mit einer Frau betrogen. Ob Pornographie eine Art des Fremdgehens ist, kann man daher so allgemein nicht beantworten.'"

Genau das sehen aber viele Frauen (und oft auch Männer und Kinder) anders: „‚Wir hatten uns auch schon zusammen Pornos angesehen, aber mir gibt das nicht allzu viel. Ich mag das *Kampfgerammel* darin nicht so gerne', schrieb eine Frau im urbia-Forum. Frauen, die versuchen, Verständnis für die visuellen Vorlieben ihres Partners aufzubringen und sich mit ihm gemeinsam erregen lassen wollen, fühlen sich oft von der plumpen Direktheit der Sex-Darstellungen abgestoßen. Zusätzlich unangenehm stößt vielen das darin vermittelte Frauenbild auf: von Frauen, die allzeit bereit vollkommen anspruchslos dahinsinken, sobald ein Vertreter des anderen (oder gleichen) Geschlechts sein Geschlechtsteil präsentiert und deren Erregungskurve auch bei noch so anstrengender und unbequemer Sexakrobatik keinesfalls abfällt. Ganz zu schweigen von Pornographie, die Gewalt gegen Frauen als von diesen gewollt und als erregend darstellt. Der Mythos vom Masochismus der Frau, also vom Wunsch, nicht nur erobert, sondern auch mit Gewalt gefügig gemacht zu werden, treibt hier hässliche Blüten, über die Frauen schwerlich tolerant hinwegsehen können ..."[166]

Aber sofort sind die wissenschaftlichen Sirenen zur Stelle: „‚Ich würde für Toleranz plädieren und den Mann nicht durch Bitten, keine Pornos mehr zu sehen, unter Druck setzen', sagt dazu Dr. Sigrid Kleinstoll. Das heißt jedoch nicht, dass Frauen kein Recht auf ihre Gefühle hätten. ‚Frauen haben jedes Recht dazu zu sagen, das will ich nicht', so Dr. Pastötter. Fühlen sie sich gekränkt und stören sich an dieser Seite ihres Partners, raten sowohl Pastötter als auch Kleinstoll dazu, das Gespräch zu suchen. ‚Frauen können fragen, was ist es, das dich daran so fasziniert?', empfiehlt Kleinstoll, und so vielleicht ihren Partner besser kennen und verstehen lernen."[167]

Das Gespräch zu suchen, ist sicher gut. Aber darf man da auch deutliche Worte sagen oder nur versuchen, den anderen zu verstehen? Ich kann jedenfalls jeder Frau, jedem Mann (und auch Kindern, die das von ihren Eltern erfahren) raten, mit ihren Gefühlen und dem gesunden Menschenverstand nicht hinter dem Berg zu halten. Auch wenn es zunächst gilt, dem Partner zu helfen und ihn zu gewinnen: Ignorieren, tolerieren, herunterspielen oder gar mitmachen hilft nicht und verschiebt meist die Konfrontation nur auf einen späteren Zeitpunkt, wenn der Rutschbahneffekt so weit eingetreten ist, dass nun Hilfe tatsächlich viel schwerer ist oder zu spät kommt.

Scheidungsgrund Pornografie

These: Pornografie entwickelt sich zu einem der häufigsten Scheidungsgründe.

Nach einer Pressemeldung gaben zwei Drittel aller Scheidungsrichter, die an der Jahrestagung 2002 der American Academy of Matrimonial Lawyers teilnahmen, an, dass in mehr als der Hälfte aller Fälle Pornografie bei den Scheidungen, die sie behandelten, eine Rolle spielte, was ein Jahrzehnt früher noch kaum der Fall gewesen sei.[168]

Rolf Degen hat bereits vor zehn Jahren die zunehmende Zahl der Scheidungen und der Ehebrüche unter anderem auf die Erotik und Moral der Massenmedien zurückgeführt. „Außerdem werden in den Medien große Begierden geweckt, die die eigene Beziehung in einem trüben Licht erscheinen lassen.“[169] Pornografie entwickelt sich aber erst mit Einführung der Internetpornografie zunehmend zu einem der häufigsten Scheidungsgründe. Damit soll nicht gesagt werden, dass dann jeweils Pornografiekonsum der einzige Grund ist – obwohl auch das immer häufiger vorkommt – aber dass er einer der wesentlichen Gründe einer Scheidung neben anderen Dingen ist.

Die Klagen insbesondere von Frauen, dass Männer sie zwingen wollen, Dinge genauso zu tun, wie sie im Pornofilm gezeigt werden, nehmen zu. Vergewaltigungen in der Ehe – obwohl inzwischen glücklicherweise in Deutschland strafbar – nehmen ebenfalls zu, wie wir noch sehen werden. Ja, Frauen gelingt es immer weniger, Männern klarzumachen, dass bestimmte Dinge, die sie im Internet sehen, rein technisch in der Realität gar nicht gehen.

Kinderwunsch ade

Nicht nur Werte wie Ehe oder Treue in der Partnerschaft werden von der Pornografie schleichend aufgelöst, sondern auch der Wunsch, Kinder haben zu wollen. Zillmann schreibt zu „Familienbezogene Werthaltungen und Kinderwunsch“: „Die intensive Nutzung pornografischer Medienangebote vermindert den Wunsch junger Menschen, Familien zu gründen oder lang andauernde familienähnliche Bindungen einzugehen ... Sie vermindert außerdem den Wunsch, in solchen Beziehungen Kinder zu haben.“[170] Er legt dar: „Wie oben erläutert wurde, führt die intensive Nutzung von Pornografie zur Stärkung des Glaubens, Promiskuität sei nicht nur vergnüglich, sondern auch natürlich und normal, und ihre Unterdrückung berge ein Gesundheitsrisiko. Darüber hinaus zeigen die Ergebnisse, dass die Beschränkung auf eine/n sexuelle/n Partner/in negativ beurteilt wird und dass sie nach Ansicht von Pornografie-Vielnutzern nicht von den Partner/inne/n erwartet werden sollte. Doch die Botschaft pornografischer Medienangebote, sexuelle Freuden seien sofort und ohne emotionale Zuneigung erhältlich, beinhaltet nicht nur das Versprechen der Freiheit von augenscheinlich überflüssigen sozialen Einschränkungen, sondern sie muss auch jede Langzeit-Bindung an eine Familie mit dem Ziel, Nachwuchs zu haben, als nicht wünschenswert oder sogar inakzeptabel erscheinen lassen. Kinder zu haben und aufzuziehen bindet sehr viel Zeit und Energie. Zweifelsohne werden persönliche Freiheiten dadurch eingeschränkt. Kinder zu haben ist geradezu antithetisch zu Pornografie. Denn eine Familie und Kinder stehen bei der Suche nach stets verfügbarem sexuellem Vergnügen im Weg. Daher verwundern die Befunde nicht, dass die intensive Nutzung von Pornografie eine ablehnende Haltung gegenüber Familiengründung und Nachwuchs fördert. In diesem Zusammenhang sollte beachtet werden, dass der Wunsch, Töchter zu haben, am stärksten geschwächt wurde.“[171]

Und dort, wo bereits Kinder sind, nimmt das Interesse an diesen Kindern statistisch gesehen durch Pornografiekonsum ab. Dass Pornografiekonsum Familienzusammenhalt und Familienwerte zerstört, ist schon lange bekannt und statistisch belegt.[172] Umgekehrt ist bekannt, dass in intakten (und religiösen) Familien kaum Pornografie konsumiert wird, weder in Print und Fernsehen, noch durch DVD oder Internet.[173]

Ausführlich hat dies 2005 Jill C. Manning in ihrem Gutachten vor dem US-Senat dargestellt und belegt.[174] Elternteile, die täglich Pornografie im Internet anschauen (1) vernachlässigen ihre Kinder darüber, (2) bringen häufiger ihre Kinder ungewollt oder gewollt mit pornografischem Material in Berührung, (3) erhöhen das Risiko von Trennung und Scheidung der Eltern und (4) erhöhen das Risiko des Verlustes des Arbeitsplatzes und finanzieller Einbußen, was dann wiederum der Familie schadet.

Jugendliche erhalten ein verzerrtes Bild der Sexualität

Wir haben bereits gesehen: Pornografie ist heute längst das Hauptwerkzeug der Aufklärung Jugendlicher und vermittelt jungen Menschen vor allem durch erotische Werbung, Jugendmagazine, DVDs und Internet ein völlig falsches Bild von Sexualität: Sexualität muss immer sofort stattfinden, findet zwischen sich fremden Menschen statt, wechselt ständig die Beteiligten, sie klappt immer, ist immer schön, und jeder daran Beteiligte ist makellos oder sollte jedenfalls versuchen, mit Hilfe von allerlei Hilfsmitteln dieses Ziel zu erreichen. Außerdem wird vermittelt, dass das Hinderlichste für den Genuss der Sexualität jede Andeutung von Moral ist. Was Spaß macht und was man überlebt, muss doch gut sein! Wer immer nur verhütungslosen Sex ohne Zeit zum Vorspiel sieht, wird in der Realität seltener oder gar nicht verhüten! Wer ständig von jung auf Gruppensex und abartigen Sex mit wechselnden

Partnern im Film sieht, wird sich später schwertun, so etwas grundsätzlich zu verwerfen.

Nach Dolf Zillmann ist es gut dokumentiert, dass pornografische Videos und Filme das Verständnis von Sexualität der Jugendlichen und jungen Erwachsenen und ihr Sexualverhalten beeinflusst, bis hin zur stärkeren Bereitschaft, sich sexuellen Zugang auch mit Gewalt zu verschaffen.[175]

Belegbare Folgen der Pornografie bei Jugendlichen[176]

1. negative und traumatische Reaktionen
2. früherer erster Sexualkontakt, höheres Risiko, an Geschlechtskrankheiten zu erkranken
3. Glaube, sexuelle Befriedigung benötige keine Beziehung, Kommerzialisierung von Sex
4. Glaube, dass Ehe und Familie bzw. längere Beziehung und Kinder unattraktiv sind
5. Risiko von Suchtverhalten
6. Risiko der Fehlinformation über Sexualität mit allen Nebenfolgen (z. B. Frühschwangerschaft)
7. völlige Überschätzung der statistischen Verbreitung von Gruppensex, Sex mit Tieren, Sadomasochismus usw.

Schwedische Forscher untersuchten 718 Gymnasiasten, durchschnittlich 18 Jahre alt, in einer mittleren schwedischen Stadt. 98% der männlichen Teilnehmer und 72% der weiblichen hatten Pornografie genutzt.[177] Sie unterschieden sich von den anderen dadurch, dass sie seltener Kondome nutzten, von abweichenden sexuellen Praktiken beeinflusst wurden und früher ihre erste sexuelle Begegnung hatten.

Pornografiekonsum ist auch mit schuld an der hohen Zahl von Geschlechtskrankheiten unter Teenagern (und natürlich auch unter Erwachsenen). Eine Untersuchung unter jungen Nigerianern[178] kam zu dem Ergebnis, dass eine intensivere Nutzung des Internet besonders zur sexuellen Thematik mit einem risikoreicheren Lebensstil in Bezug auf Geschlechtskrankheiten und HIV/AIDS einhergeht, bei männlichen Jugendlichen wesentlich stärker als bei weiblichen.

Andere schwedische Forscher befragten 300 Patienten einer Urogenitalklinik in Schweden, von denen ein Viertel eine Geschlechtskrankheit hatte. 99% benutzten Pornografie und 53% gaben an, dass Pornografie ihr Sexualverhalten beeinflusse, 70% hatten mehr als einmal Analverkehr, nur 17% benutzten immer Kondome.[179] Bei Analverkehr benutzten 53% der Männer und 60% der Frauen nie Kondome, nur 46% benutzten Kondome bei einem neuem Partner.[180]

20% der Amerikaner haben eine Geschlechtskrankheit,[181] jährlich stecken sich 19 Mio. neu an, von denen die Hälfte 15 bis 24 Jahre alt sind.[182] Pornografiekonsum gilt als wesentlicher Grund, warum Jugendliche so oft nicht verhüten.[183]

Empfehlungen für Eltern im Umgang mit dem Internetnutzung ihrer Kinder[184]

- Eltern sollten wissen, wie das Internet funktioniert
- Computer der Kinder leicht zugänglich und sichtbar aufstellen
- Benutzungsregeln und Zeitlimit mit den Kindern festlegen
- Kinder anleiten, wie man mit dem Internet umgeht

- sich von den Kindern vorführen lassen, was sie im Internet tun und wie sie es tun
- deutlich machen, warum die Kinder im Internet ihre Identität nicht preisgeben und nichts über sich, ihre Familie, ihre Wohnung usw. erzählen sollen
- Kinder bitten, Texte der Chats von Zeit zu Zeit mitlesen zu dürfen
- Sicherheitstools und Filtersoftware installieren
- Zeit für Gespräche haben und anbieten und diese so führen, dass die Kinder beim nächsten Mal wieder gerne erzählen und fragen
- gutes Vorbild sein

„Empfehlungen für Erziehungspersonen zur Internetnutzung von Kindern und Jugendlichen

- sexuelle Aufklärung vor der Adoleszenz
- kein Computer mit Internetzugang im Kinderzimmer
- Installation von Sicherheitssoftware (u.a. zur Spurenverfolgung des Benutzers)
- Hilfe für Kinder und Jugendliche bei der Erkundung des Cyberspace
- Kinder/Jugendliche lehren, ihre Identität (inkl. E-Mail-Adresse) nicht preiszugeben
- Kinder/Jugendliche lehren, nie auf feindselige, belästigende, inadäquate oder unangenehme Kontakte zu antworten
- Online-Freunde des Kindes kennenlernen
- Kinder aus Chat-Rooms heraushalten oder dabei kontrollieren
- Begrenzung der Zeit am Computer / im Internet“[185]

Filter für Kinder, Jugendliche, aber auch für jedermann bzw. Süchtige[186]

Testberichte

http://internet-filter-review.toptenreviews.com/
http://www.filterreview.com/pages/table1.htm

Schutzprogramme (International/Englisch)

www.safeeyes.com/
www.klicksafe.de
www.intego.com/home.asp
x3watch.com
www.surfcontrol.com
ICRAplus: www.icra.org/_de/icraplus/
McAfee Parental Control

Schutzprogramme (Deutsch)

CyperPatrol: www.kinderschutzsoftware.com
VISE: http://www.vaxxin.com/site/en/welkom.html?LC=de
ICRAplus:www.jugendschutzprogramm.de/site.php?site=sogehts
T-Online Kinderschutz- Software: http://service.t-online.de/c/51/88/20/5188204.html
AOL-Kinderschutz: http://kinder.aol.de/Eltern/

Der Rutschbahneffekt oder: die Gewöhnung an Pornografie

These: Pornografie hat für Einzelne, aber ebenso für Generationen, einen Rutschbahneffekt. Was gestern noch aufreizte, ist heute passé und muss durch eine ständig wachsende Zahl von Alternativen oder etwas „Schärferes" ersetzt werden. Hier liegt das Hauptgeschäft der Pornoindustrie.

Woher kommt die enorme, beinahe grenzenlose Nachfrage nach der Darstellung von Sex? Das hat zum einen damit zu tun, dass die sexuelle Stimulanz durch Pornografie abstumpft, was auch biochemisch-hormonelle Gründe hat, sodass immer härtere Bilder und Töne zum Erreichen verwendet werden müssen, zum anderen damit, dass intensiver Pornografiegebrauch häufig zur Gewohnheit oder gar zur Sucht wird – hier liegt auch die eigentliche Verdienstquelle der Industrie. Würden sich Pornografiekonsumenten nur zehn Filme für den Rest ihres Lebens kaufen, gäbe es nichts zu verdienen.

Der Rutschbahneffekt der Pornografie ist oft als billiges Argument der Pornografiegegner angezweifelt worden. Doch findet er sich immer und immer wieder in der akademischen Literatur beschrieben, so etwa bei Hans-Bernd Brosius: „Auf Seiten des Publikums führt die Darstellung von Sexualität relativ schnell zu einer Habitualisierung,[187] sodass sich aus Sicht der Anbieter die Notwendigkeit von neuen, noch expliziteren Formen ergibt."[188] In dieser „Notwendigkeit" liegt wie gesagt das Geschäft der Pornoindustrie. „Ein Betroffener berichtet: ‚Je länger meine Sexsucht gedauert hat, umso niedriger wurde meine Ekelschwelle. Ich habe mich zu einem egozentrischen Monster entwickelt. Partnerschaften wurden mir immer egaler, die Sexsucht schien mir alles zu geben. Ich musste keine Konflikte mehr mit einer realen Frau aushalten, keine Beziehungen, also auch keine Verletzungsmöglichkeiten mehr. Nach Stunden einsamer Selbstbefriedigung fühlte ich nur noch Leere, Scham, Selbsthass und Depression. Ich konnte niemandem mehr in die Augen sehen, hatte nur noch Angst, entdeckt zu werden. Obwohl ich mich so sehr dafür hasste, drehte sich die Spirale immer schneller, und ich geriet immer tiefer in einen Sumpf. Es gab keine Kontrolle und kein Entrinnen mehr.'"[189]

Wer regelmäßig Pornografie konsumiert, will immer mehr sehen und oft auch immer „Härteres". Das kann nicht nur jeder an sich selbst feststellen, sondern es ist die Geschichte der Pornografie seit ihrer Freigabe. Warum lösen denn pornografische Bilder aus den 1920er bis 60er Jahren heute kaum noch eine sexuelle Stimulierung aus? Das, was in den 60er Jahren als aufreizend galt und wirkte, hat heute praktisch keinen Effekt mehr. Die erotisierenden Auftritte der Beatles oder von Elvis Presley wirken gemessen an heutigen Stars bieder und durchschnittlich.

Warum ist denn das pornografische Material in den letzten 20 Jahren immer härter, immer brutaler, immer intensiver geworden, wenn es keine Menschen gibt, die das auch sehen wollen? Die Politiker hatten uns doch bei der Freigabe das Gegenteil des Rutschbahneffektes versprochen. Tatsächlich bekamen wir auf DVD oder zum Internetdownload Sex beim Stuhlgang und 18-Jährige, die gleichzeitig mit 3 Männern schlafen. „Jakob Pastötter hat festgestellt: Die Filme sind deutlich härter und brutaler geworden. ‚Gerade für die Intensivnutzer der Pornografie muss der Reiz ständig gesteigert werden, sonst wirkt es nicht.' Einen Film, in dem ein Mann und eine Frau einfach nur miteinander schlafen, womöglich gar zärtlich, das kauft heute kein Mensch mehr."[190] „Die im Internet zugängliche Pornographie ist nach einer empirischen Untersuchung von Barron und Kimmel[191] insgesamt gewalttätiger als Print- oder Video-Pornographie und stellt häufiger non-konsensuelle sexuelle Kontakte und Männer als

Täter dar. Sie bietet mehr Freiräume für ungewöhnliche, deviante Praktiken. Dies beinhaltet das für Pornographie-Konsum insgesamt belegte Risiko, dass das ‚Ungewöhnliche' mit der Zeit ‚normal' wird, eine Gewöhnung eintritt, das Normale schnell langweilig erscheint. So soll das Internet die späte (‚late onset') Entwicklung von fetischistischen Präferenzen und die Verbreitung von riskanten Sexualpraktiken wie Asphyxie [Abschneiden der Luftzufuhr bis kurz vor dem Ersticken] ... fördern.[192] ... So bietet z.B. das schwule, nichtkommerzielle Internetforum ‚Gayromeo' (www.gayromeo.de) mit immerhin 236.000 ‚Usern' (Stand 1.8.2006) alleine in Deutschland für jeden Nutzer ein Profil an, in dem neben 13 verschiedenen Fetischen (von Leder bis Anzug) weitere spezielle sexuelle Präferenzen angekreuzt werden können."[193]

Dolf Zillmann hält es für gut dokumentiert, dass bei Jugendlichen, die pornografische Videos und Filme sehen, die Befriedigung abnimmt, sodass neues Material mit immer weniger allgemein akzeptierten Sexualpraktiken gesucht wird.[194]

Erotisierende Nacktdarstellungen und weiche Pornografie als Einstiegsdroge

These: Die Dauerberieselung mit hocherotischen Bildern über ungezählte Medien im Alltag und in der Werbung wirkt wie eine Art Einstiegsdroge für harte Pornografie, Gewaltpornografie, Dauerpornokonsum und Pornografiesucht.

So, wie nicht jeder Raucher zum Kokainabhängigen wird und nicht jeder, der Hasch nimmt, als LSD-Leiche endet, es aber trotzdem eine Stufung der Drogen von „harmlosen" Drogen bis hin zu den schwersten Drogen und hohen Drogendosen gibt, so gilt dies auch bei der Pornografie. Die Masse der Konsumenten verbleibt im Eingangsbereich, aber praktisch niemand gerät ohne die Einstiegsdroge auf die Rutschbahn.

Namentlich Neil M. Malamuth hat gezeigt, dass gerade auch die Massenmedien die Hemmschwelle gegenüber Sexualverbrechen herabsetzen[195] und den Vergewaltigungsmythos fördern, auf den noch eingegangen wird. Ein Leserbriefschreiber in der Frankfurter Allgemeinen Zeitung schreibt deswegen: „Wie Hunger und Durst ganz gewiß nicht kleiner werden, wenn man im Fernsehen appetitlich-verlockend hergerichtete Speisen und raffiniert gemachte Getränkewerbung sieht mit lustvoll trinkenden Menschen und perlenden Getränken, sondern größer, so wird der Sexualtrieb durch Sexfilme in aller Regel nicht reduziert und abgebaut, sondern er wird stimuliert und drängt erst recht und noch stärker als vorher nach realer Befriedigung. Sollte sich ergeben, daß der Massenkonsum von Pornographie tatsächlich die Zahl der Kinderschändungen steigen läßt, dann ist die Frage zu erörtern, ob die ‚Erotikspezialistinnen und -spezialisten' der ‚Unterhaltungsbranche' (Finkenzeller) ihr übles Handwerk weiterhin uneingeschränkt ausüben dürfen."[196]

Der Psychologe Herbert Selg warnt zu Recht davor, dass schon die normale erotisierte Werbung – und nicht erst die harte Pornografie – Konsequenzen[197] hat: „Sie macht Frauen zu Objekten, sie identifiziert Frauen häufig mit der Ware selbst, die sogenannte Blickfangwerbung suggeriert, mit der Ware sei auch die Frau zu haben bzw. die Frau sei eine Ware. Zwischen Frau und Ware ist kein Unterschied mehr. ‚In unserem Verkaufs-Center können

Sie in Ruhe alles anschauen, anfassen und sich beraten lassen' lautet der Text in dem ... Autozubehör-Katalog. Er steht neben einem Sportwagen, der hinter vier Frauen fast verschwindet, die in Pose und Kleidung wie Prostituierte wirken. Diese Gleichsetzung von Frau und Ware – nicht nur die Waren sind zum Anfassen, auch offensichtlich die abgebildeten Frauen – ist mehr als nur störend. Es geht nicht um Prüderie oder übertriebene Schamschranken, nicht um körperliche Verklemmtheiten, wenn diese Form der Werbung angeprangert wird; es geht darum, daß mit dem Produkt, für das die weibliche Sexualität und der weibliche Körper eingesetzt wird, auch die Frau und ihre Sexualität selbst zur Ware und käuflich werden, und das halte ich für das Verletzende. Die Würde der Frauen wird auf diese Weise verletzt."[198]

Auch Günter Amendt schreibt treffend zur Werbung: „Denn bereits hier, in der Alltagspornografie der Werbung – von ‚Oil of Olaz' bis ‚Lenor' wie auch in der Titelblattgestaltung von Zeitschriften und Illustrierten – stellt sich die Gewaltfrage."[199]

David Alexander Scott hat eine Vielzahl von psychologischen Studien zusammengestellt, die zeigen, dass gerade die ‚harmlose' Pornografie die moralischen und empfindungsmäßigen Schranken gegenüber Vergewaltigung und Kindesmissbrauch aufweicht.[200] Catherine Itzin hat unter Berufung auf zahlreiche Studien betont, dass auch Softpornos frauenfeindlich und gefährlich sind, weil jeder es für harmlos hält und sich keine Gedanken darüber macht.[201]

Alle, die argumentieren, dass die Wirkung von Nacktdarstellungen nicht wissenschaftlich zu belegen sei, kennen nicht nur viele einschlägige Untersuchungen nicht, sondern übersehen auch, dass eine solche Argumentation durch die Existenz der Pornowerbung ad absurdum geführt wird. Wenn Pornografie so wirkungslos ist, warum wird sie dann von der Werbung eingesetzt? Und warum macht die Pornoindustrie selbst dann so viel Werbung mit pornografischen Bildern? Der Psychologieprofessor Victor B. Cline sagt zu Recht, dass die Werbeindustrie nicht Milliarden investieren würde, wenn Bilder nicht unser Verhalten beeinflussen würden.[202] Warum soll man dann nicht fragen dürfen, welche Konsequenzen solche Bilder haben und ob diese Konsequenzen erwünscht sind oder nicht?

Dass man mit Sex praktisch alles verkaufen kann, führt dazu, dass mehr und mehr auch alles im Zusammenhang damit verkauft wird. Das berechtigte Schlagwort ‚Sex sells' besagt eben nicht nur, dass sich Sex gut verkauft, sondern auch, dass sich mit Sex vieles besser verkaufen lässt, auch wenn in der Psychologie immer noch umstritten ist, warum dies eigentlich so ist.[203]

Neue Untersuchungen belegen, wie gebannt ein Mensch auf jede erotische Nacktdarstellung mit spärlicher oder nicht vorhandener Bekleidung reagiert. Erst 2005 wurde die ‚gefühlsinduzierte Blindheit' entdeckt und erforscht. Bilder, die ein starkes, plötzliches Gefühl auslösen, machen Menschen für ein Fünftel einer Sekunde blind und auch sonst nicht aufnahmefähig. Am stärksten ist dies bei erotischen Bildern der Fall, es folgen Gewalt darstellende Bilder. So erklärt sich, warum erotische Außenwerbung an der Straße so oft zu Auffahrunfällen führt.[204] 2006 wurde nachgewiesen, dass der Blick auf erotische Bilder für kurze Zeit zu den stärksten und schnellsten Aktivitäten im Gehirn führt, die kurzfristig alles andere überlagern und aussetzen lassen.[205] Und genau das möchte die Werbung erreichen: dass wir nicht unseren Verstand beim Zusehen und dann beim Kaufen benutzen, sondern dieser zugunsten spontaner, emotionaler Entscheidungen ausgeblendet wird.

Eigentlich müsste man der Verkehrssicherheit zuliebe also erotische Werbung an Straßen untersagen, aber welcher Politiker will sich schon wegen einer solchen Forderung als prüde beschimpfen lassen?

Pornografiesucht

These: Pornografie kann zur klinisch erfassbaren Sucht führen, und Millionen sind bereits so pornografiesüchtig, dass sie eine Therapie benötigen.

Die Pornografiesucht wie auch die speziellere Internetpornografiesucht lassen sich psychologisch-medizinisch mit anderen Arten der Sucht durchaus vergleichen.[206] M. Douglas Reed stellt die Frage: Kann das exzessive Betrachten von Pornografie eine Sucht (addiction) sein? Sie kommt unter Hinweis auf viele medizinische Untersuchungen zu dem eindeutigen Ergebnis: Die klinischen Fakten sagen ja![207] Viele Menschen werden durch Pornografie süchtig, fliehen vor der Wirklichkeit in eine Traumwelt, in der sie endlose Stunden verbringen.[208] Wer früh mit dem Pornografiekonsum beginnt, hat Schwierigkeiten, erwachsen zu werden, und verharrt in einem unreifen Denken und einer Traumwelt, in der wirklich wird, was die Realität einfach nicht hergeben kann.[209]

Die Pornografiesucht hat der amerikanische Medizinprofessor Victor B. Cline 1974 erstmals beschrieben und seitdem gründlich erforscht.[210] Die Stadien der Pornosucht sind aufgrund klinischer Studien durch ihn und andere Mediziner und Psychologen gut belegt. Victor B. Cline fasst sie wie folgt zusammen:[211]

Stadien der Pornografiesucht

1. Stadium: Man kommt von der Pornografie nicht mehr los.
2. Stadium: Der Pornokonsum wird häufiger, umfangreicher und verwendet explizitere Darstellungen.
3. Stadium: Es tritt ein Eskalationseffekt ein, indem auch mit sehr großen Mengen konsumierter Pornografie der gewünschte Erfolg nicht mehr erreicht werden kann.
4. Stadium: Es erfolgt eine zunehmende Abstumpfung und Desensibilisierung gegenüber merkwürdigsten Darstellungen und Handlungen.
5. Stadium: Es entsteht ein Zwang, das Gesehene zu praktizieren, wobei mehr und mehr jedes Mittel recht ist.

Wie bei anderen Süchten auch, kann die Entwicklung unterschiedlich schnell verlaufen, und nicht jeder erreicht das Endstadium. Wie ebenfalls bei anderen Süchten gibt es eine Vielzahl von Ursachen, warum der eine süchtig wird und der andere nicht. Das ändert aber nichts daran, dass es so etwas wie Pornografiesucht gibt und sie sich zahlenmäßig in der Liste der häufigsten Süchte immer weiter nach vorne schiebt.

Internetpornografiesucht

Die Internetsexsucht bzw. Internetpornografiesucht ist gewissermaßen eine Kreuzung aus der insbesondere bei Jugendlichen zunehmenden Internetsucht,[212] der Pornografiesucht und der weiter unten behandelten Sexsucht. Es ist dabei zwischen solchen Pornografiesüchtigen zu unterscheiden, die jede Art der Pornografie verwenden, aber das Internet der Bequemlichkeit halber am häufigsten nutzen, und den eigentlichen Internetpornografiesüchtigen, die ihre sexuelle Befriedigung ausschließlich über das Internet beziehen bzw. beziehen können, also durch Bilder, Filme, Live-Cams, Chats usw. im Internet.

Woran kann der Partner die Internetsucht erkennen?[213]

- verändertes Schlafverhalten
- will vermehrt allein sein
- Haushalt und Familie werden vernachlässigt
- unerklärliche Geldausgaben
- zunehmende Belege für Lügen aller Art
- charakterliche Veränderungen
- distanziert und geistesabwesend anderen gegenüber
- verliert Interesse an gemeinsamem Sex
- abnehmendes Investieren in die Beziehung

(Empfehlungen, wie man dem Partner hilft, finden sich auf S. 54-55)

Al Cooper, David L. Delmonico und Ron Burg haben 1999/2000 detailliert die Häufigkeit des Pornokonsums amerikanischer Internetnutzer untersucht. Sie kommen zu dem Schluss, dass 1% der Internetnutzer als süchtig im engeren Sinne einzustufen sind, 17% schwerwiegende Probleme haben, die behandelt werden müssten; der Rest konsumiert weniger als 10 Stunden Pornografie pro Woche.[214] Jennifer Schneider und Robert Weiss haben 2000/2001 10.000 repräsentative amerikanische Internetbesucher befragt und 8,5% als sexsüchtig eingestuft,[215] da sie mehr als 11 Stunden pro Woche pornografisches Material im Internet anschauten und nicht länger davon lassen konnten.[216] Hier soll es jedoch nicht um die genaue Definition für die Statistik gehen. Deutlich ist jedenfalls, dass die Zahl der Betroffenen, deren gesamtes Leben sich um das Ausleben ihrer Intersexsucht dreht und die deswegen nicht nur vereinsamen, sondern oft auch Partner, Kinder, Einkommen und Arbeitsplatz verlieren, nach allen bekannten Studien und mit unterschiedlichen Definitionen in den USA in die Millionen geht und in Deutschland in die Hunderttausende, ohne dass ein Interesse der Gesellschaft (also auch der Eltern, der Kirchen, der Schulen, der Wissenschaft oder der Politik) zu erkennen wäre, etwas zu unternehmen, damit die Sucht geheilt wird oder gar nicht erst entsteht.

Mythen und faule Ausreden, warum Männer nichts gegen ihren Drang zum Pornokonsum unternehmen können

- Männer sind nun einmal so!
- Gott (oder die Natur) hat uns den starken sexuellen Drang gegeben!
- Es macht mir doch nichts aus und schadet mir nicht!
- Ich mache es ja nur, wenn ich will – ich könnte jederzeit aufhören!
- Was solchen Spaß macht, kann doch nicht verkehrt sein!
- Es betrifft doch nur mich ganz privat!
- Meine Frau ist einfach nur zu prüde!
- Das ist doch immer noch besser, als ins Bordell zu gehen!

- Wer es nicht gut findet, kann es ja lassen (If you don't like it, don't buy it)!
- Man kann Moral nicht per Gesetz verfügen (You can't legislate morality)!

Sexsucht

Sex kann in der Realität und virtuell zur Sucht werden. International wurde das Thema der Sexsucht in realer Ausübung sexueller Handlungen 1983 von Patrick J. Carnes wissenschaftlich eingeführt[217] und seitdem durch fundierte Untersuchungen erweitert.[218] Für Deutschland hat Kornelius Roth mit seinem Buch „Wenn Sex süchtig macht“[219] 2004 das Thema auf die Tagesordnung der Öffentlichkeit gesetzt, auch wenn es einer Welt, die keine Moralvorschriften für den Bereich der Sexualität mehr akzeptieren möchte, sehr schwerfällt, sich solchen negativen Entwicklungen zu stellen, so offensichtlich sie auch für jedermann negativ sind. Roth schätzt für Deutschland 0,5 Mio. behandlungsbedürftige Sexsüchtige,[220] für die USA bestätigt er die Schätzungen auf 6% der Bevölkerung.

Roth verweist auf etliche Untersuchungen,[221] die zeigen, dass Masturbation in der Häufigkeit stark zugenommen hat, die Koitushäufigkeit dafür aber abnimmt. Masturbation nimmt dabei bei immer mehr Menschen suchthafte Züge an, und viele Männer müssen sie täglich oder mehrmals täglich, in der Regel unter Verwendung einer pornografischen Darstellung, praktizieren. „Sexsucht funktioniert wie jede andere Sucht. ‚Sexjunkies haben die Kontrolle über ihr Verhalten verloren, brauchen eine immer höhere Dosis und zeigen Entzugserscheinungen‘, sagt Anja Lehmann.[222] Die Berliner Wissenschaftlerin arbeitet an einem Forschungsprojekt über ‚Sex als Sucht' ... Sex kann zur Sucht werden, wie Alkohol, Drogen, Kaufrausch und Glücksspiel, und endet auch für die Sexsucht-Kranken in einem Inferno – ein Tabuthema ... Jetzt wurde an der Berliner Charité zum ersten Mal in Deutschland diese Krankheit auf ihren Suchtcharakter hin wissenschaftlich untersucht. ‚Wir können zeigen, dass die Betroffenen unter einem Kontrollverlust leiden', sagt Anja Lehmann, ‚dass sie eine Toleranzentwicklung haben, das heißt, die Dosis muss sich steigern, wie immer das individuell dann aussieht, dass es eine Verengung der Lebensführung gibt, auf das pathologische Verhalten, oder auf das süchtige Verhalten und dass diese Einengung aufrechterhalten bleibt, trotz der negativen Konsequenzen, die die Betroffenen erleben'. Die Dosissteigerung, typisches Merkmal jeder Sucht, treibt die Betroffenen auf der Suche nach dem nächsten Kick durch die Straßen, durchs Internet, Sexhotlines, in anonyme Kontakte, Bordelle und immer gewagtere Praktiken."[223] „Untersuchungsleiterin Sabine Grüsser von der Universitätsklinik Charité und zwei ihrer Mitarbeiterinnen, Anja Lehmann und Carolin Thalemann, warben bei Selbsthilfegruppen um freiwillige Teilnehmer. Schließlich unterzogen sich 80 vermeintliche Erotik-Junkies sowie 80 sexuell unauffällige Probanden den ausgefeilten Psychotests. ‚Die Unterschiede sind signifikant', fasst Grüsser das Ergebnis zusammen. ‚Sexsüchtige haben die Kontrolle über ihr Verhalten verloren, brauchen eine immer höhere Dosis und zeigen Entzugserscheinungen.' Es ließen sich ‚Auffälligkeiten' finden, die sonst nur mit Abhängigkeit von ‚psychotropen Substanzen' (wie Cannabis, Heroin, Kokain) einhergingen, so Grüsser bei der Vorstellung der Studie vergangene Woche beim Kongress für Suchtmedizin in München. Um eine Verhaltenssucht handle es sich, verwandt mit Kauf-, Spiel- und Internet-Sucht, meint Grüsser. In einem Ratgeberbuch, das im Oktober 2007 erscheinen soll,[224] beschreibt die Psychologin, wie diese ‚nicht stoffgebundenen' Süchte zustande kommen: ‚Der psychotrope Effekt stellt sich durch biochemische Veränderungen im Körper ein, die durch bestimmte exzessive, belohnende Verhaltensweisen ausgelöst werden.' Aufnahmen der Gehirnaktivitäten bei Spielern scheinen das zu bestätigen."[225] Noch einmal Lehmann: „Jede Sucht kann behandelt werden ... Voraussetzung dafür ist die Anerkennung der Sexsucht als Krankheit und die Enttabuisierung in der Gesellschaft. Nur mit therapeutischer Hilfe und eigenem Willen kann, wer in der Sexsucht untergegangen ist, wieder Kontrolle über sich erlangen, Liebe fühlen, annehmen und geben und damit wieder ins Leben zurückkehren."[226]

Typische Begleitmerkmale der Internetsexsucht?[227]

- ständige Beschäftigung mit sexuellen Fantasien
- Unfähigkeit gegen Drang zum Anschauen oder Masturbieren anzugehen (Kontrollverlust)
- enorme emotionale Anspannung vor Gebrauch und Erleichterung hinterher
- kurzes Glücksgefühl bei Befriedigung, auf Dauer aber negative Leere und Unlust
- Entzugserscheinungen bei Nichterfüllung
- Notwendigkeit, immer häufiger, vielfältigere und härtere Pornografie zu betrachten
- starke Scham und Schuld, aber ohne Einfluss auf Verhaltensänderung
- Drang, endlich wieder allein sein zu können

- Gefühl der fehlenden Kontrolle
- Versuche des Aufgebens halten nur kurze Zeit
- sehr viel Zeit wird investiert
- auf familiäre, berufliche und andere Aktivitäten wird verzichtet
- verändertes Schlafverhalten, Befriedigung hat Vorrang vor Schlaf
- distanziert und geistesabwesend anderen gegenüber
- Versprechen anderen gegenüber werden nicht eingehalten
- Flucht in Lügen und Ausreden
- bagatellisieren der Sucht
- Resistenz gegen Hilfsangebote, Beratung und Kritik
- merkwürdige sexuelle Witze
- merkwürdige Forderungen an den Sexualpartner

„Patrick Carnes, Autor des Buches ‚Don't Call It Love', stellt die zehn Indikatoren für das Vorliegen einer Sexsucht dar: ein außer Kontrolle geratenes sexuelles Verhalten; das sexuelle Verhalten hat schwere Folgen; die Unfähigkeit, trotz schädlicher Konsequenzen aufzuhören; das beharrliche Verfolgen selbstzerstörerischer oder hochriskanter Verhaltensweisen; der kontinuierliche Wunsch oder das Bemühen, das sexuelle Verhalten einzuschränken; sexuelle Zwangsvorstellungen und Fantasien als primäre Bewältigungsstrategien; ständig zunehmende sexuelle Erlebnisse, weil die augenblicklichen Aktivitäten nicht ausreichen; schwere Stimmungsschwankungen im Zusammenhang mit den sexuellen Aktivitäten; übermäßig viel Zeit wird damit verbracht, sich Sex zu verschaffen, sich sexuell zu verhalten oder sich von sexuellen Erlebnissen zu erholen; aufgrund des sexuellen Verhaltens werden wichtige soziale, berufliche oder erholsame Aktivitäten vernachlässigt. Diese Indikatoren beschreiben die klassische Symptomatik einer stoffgebundenen Abhängigkeit: ‚Craving', also ein unbezwingbares Verlangen, Toleranzentwicklung und Dosissteigerung, Kontrollverlust, Entzugserscheinungen, Einschränkung der Lebensführung auf das Suchtmittel, Aufrechterhaltung des Verhaltens trotz eindeutiger negativer Konsequenzen."[228]

„Diagnostische Kriterien für Paraphilie-verwandte Störung/‚sexuelle Sucht'

- Über einen Zeitraum von mindestens 6 Monaten wiederkehrende Schwierigkeiten, sexuelle Phantasien oder Verhaltensweisen zu kontrollieren
- Die sexuellen Phantasien und Verhaltensweisen beinhalten nicht-paraphile Symptome wie exzessive Masturbation, Pornographie-, Telefon- oder Cybersex, protrahierte Promiskuität.
- Die sexuellen Phantasien und Verhaltensweisen verursachen klinisch relevante Schwierigkeiten oder Einschränkungen in sozialen, beruflichen oder anderen funktionell wichtigen Bereichen.
- Die Störung wird nicht durch eine andere psychische Störung besser erklärt und ist nicht Folge einer körperlichen Erkrankung."[229]

Adressen von Selbsthilfegruppen etc.:

Anonyme Sexaholiker (AS), Postfach 1262, 76002 Karlsruhe, deutsch@sa.org, www.sa.org

Sex and Love Addicts Anonymous (SLAA), Postfach 1352, 65003 Wiesbaden, slaa-dienstbuero@gmx.de, www.slaa.de

Sex-Addicts-Anonymous (SAA), c/o Himmelfahrtskirche,

Kidlerstr. 15, 81371 München
Selbsthilfegruppen der Angehörigen von Sexsüchtigen:
S-ANON, Postfach 110545, 28085 Bremen, St. Paulsgasse 1,
A-3500 Krems/Donau, Postfach 863,
CH-8501 Frauenfeld

Pornografie und Aggression

These: Harte Pornografie macht viele Konsumenten aggressiv – vor allem gegenüber Frauen – beziehungsweise steigert vorhandene Aggression. Wenn zur Darstellung der sexuellen Akte noch Gewalt hinzutritt, gilt dies in vermehrtem Maße.

Viele Untersuchungen[230] haben gezeigt, dass Pornografie unter bestimmten Umständen aggressives Verhalten fördert. Wird Menschen, die bereits aggressiv sind, pornografisches Material gezeigt, steigert sich ihre Aggressivität in der Regel. Sex und Gewalt im „normalen" Kinofilm steigern die Bereitschaft und den Wunsch, Gewalt gegen Frauen anzuwenden, und zwar mit oder ohne sexuelle Handlungen.[231] Diane E. H. Russell verweist auf Malamuths Gutachten für den Generalstaatsanwalt der USA, wonach 10% der männlichen Studenten von Pornografie mit extremer Gewalt und Blut und geringen sexuellen Elementen erregt wurden, 20-30% von Filmen, in denen die Frau nur Ablehnung, keine Zustimmung zeigt, 50-60%, wenn das Vergewaltigungsopfer am Ende doch zustimmt.[232]

Etwa 30 führende Psychologen, Ärzte und Hochschullehrer führten 1986 eine Untersuchung im Auftrag des amerikanischen Gesundheitsministers durch,[233] die zu für die Pornografie vernichtenden Ergebnissen kam. Alle Mitglieder stimmten in einem Punkt überein: In kontrollierten Untersuchungen unter Laborbedingungen, die natürlich nur kurzfristige Effekte erfassen können, lässt sich eindeutig zeigen, dass das Anschauen von Gewaltpornografie zu gesteigertem gewaltbereitem und aggressivem Verhalten gegenüber Frauen führt.[234] Kurzum: „Es gibt einen Zusammenhang zwischen Pornographie und sexueller Gewalt. Das heißt: Pornografie hat nicht etwa (wie die Reformer der 70er Jahre noch glauben machen wollten) überhaupt keine Auswirkungen auf das sexuelle Verhalten von Männern. Sie senkt auch nicht die sexuellen Aggressionen von Männern (wie es einige ganz Blauäugige damals behaupteten). Nein, im Gegenteil: Sie steigert die sexuellen Aggressionen. Trotz dieser in den letzten Jahren immer fundierter und immer alarmierender werdenden Porno-Forschung ist die These von der Harmlosigkeit der Pornografie kaum totzukriegen. Wider besseres Wissen wird sie von Experten verbreitet und von Laien nachgebetet. Behauptet wird wahlweise: Es gäbe keine relevante Forschung oder nicht genug. Die Ergebnisse der Forschung seien so widersprüchlich, dass sich ein Schaden nicht belegen lasse. Oder auch: Die positiven Folgen von Pornografie würden die negativen übertreffen."[235]

Friederike Sohn fasst die berühmten Versuche von Edward Donnerstein gut zusammen: „Auch Donnerstein und Linz und andere stellten fest, daß der Konsum von Gewaltpornographie gegen Gewalt desensibilisiert. Selbst ganz ‚normale' Spielfilme, die Aggressionen und ‚erotisch'-aggressive Episoden gegen Frauen enthalten, ‚können (bei Männern) die Akzeptanz interpersonaler Gewalt allgemein und speziell die Akzeptanz der Vergewaltigungsmythologie erhöhen – ähnlich wie Gewaltpornographie.' Einen weiteren Versuch führten Edward Donnerstein und seine MitarbeiterInnen 1978 mit männlichen Collegestudenten durch, bei denen sie eine Steigerung der Aggressionsbereitschaft (vor allem gegen Frauen) nach dem Anschauen pornographischer Filme messen konnten. Sie teilten die Studenten in drei Gruppen ein, wobei eine Gruppe einen kurzen Film über eine Talkshow sah, die zweite eine nach Angaben der Versuchsleiter ‚nicht-aggressive' Sex-Szene, die dritte Gruppe einen Film, der eine brutale Vergewaltigung zeigte. Nach den Vorführungen der jeweils fünfminütigen Filme wurden die Versuchspersonen angewiesen, im Rahmen eines Ratespiels einer Assistentin oder einem Assistenten bei falschen Antworten Stromstöße in beliebiger Stärke zu erteilen. In Wirklichkeit war der Strom ausgestellt. Da die Versuchspersonen die AssistentInnen nicht sehen konnten, glaubten sie, die Strafe erfolge tatsächlich. Die Studenten, die die Vergewaltigungsszene gesehen hatten, gaben erheblich höhere Stromstöße ab als die Studenten der anderen beiden Gruppen, aber nur dann, wenn die Assistentin weiblichen Geschlechts war. Gegenüber den Assistenten waren die Studenten nicht wesentlich aggressiver als diejenigen der anderen beiden Gruppen. Donnerstein erklärte die verstärkte Gewaltbereitschaft der Versuchspersonen Frauen gegenüber damit, (...) daß die zum Opfer gemachte Frau in der Vergewaltigungsszene mit der realen Frau im Experiment identifiziert wurde.'"[236]

Sohn fährt mit den Folgeexperimenten von Neil M. Malamuth fort: „Gestützt werden die Ergebnisse von Donnerstein durch die Experimente der Gruppe um den Kanadier Neal Malamuth. Er und sein Kollege Barry Spinner hatten in den Jahren 1973 bis 1977 eine starke Zunahme von Gewaltpornographie in den so genannten Herrenmagazinen ‚Playboy' und ‚Penthouse' festgestellt. Mit Hilfe einer sado-masochistischen ‚Penthouse'-Geschichte führten sie ... eine Versuchsreihe an freiwilligen männlichen Testpersonen durch. Parallel dazu gaben sie einer weiteren Gruppe männlicher Studenten eine ‚gereinigte' Version derselben Geschichte, die nach Angaben der Wissenschaftler keine Gewaltszenen enthielt. Anschließend lasen beide Gruppen die Geschichte einer Vergewaltigung. ‚Es zeigte sich, daß die durch die SM-Geschichte ‚vorpräparierten' Studenten durch die Vergewaltigungsschilderung stark sexuell erregt wurden, und zwar, je schlimmer sie den Schmerz des Opfers einschätzten, umso mehr. Die Kontrollgruppe zeigte geringere sexuelle Erregung, die außerdem gedämpft wurde durch die Wahrnehmung der Schmerzen des Opfers'. Daraus schlossen Feshbach und Malamuth, ‚daß schon eine einzige Darbietung von Gewalt in der Pornographie die erotische Reaktion auf Vergewaltigungsdarstellungen signifikant beeinflussen kann'. Darüber hinaus wurde bei einem anderen Versuch von Malamuth und Feshbach einer Gruppe von 35 StudentInnen eine Vergewaltigungsgeschichte zu lesen gegeben. Im Anschluß daran wurden die männlichen Versuchspersonen gefragt, ob sie genauso handeln würden wie der Mann in der Geschichte, ‚wenn sie sicher sein könnten, nicht erwischt und nicht bestraft zu werden'. 51% konnten sich unter diesen Umständen vorstellen, sich wie der Vergewaltiger zu verhalten."[237]

2002 sahen 71 Männer je einen von drei Filmen: 1. explizit sexuell und frauenverachtend, 2. nur explizit sexuell, 3. nicht sexuell. Dann mussten sie anschließend mit Frauen zusammen Probleme lösen. Männer der Gruppe 1 und 2 begegneten Frauen mit mehr Dominanz und Angst.[238]

Die sogenannte „Katharsis-Theorie“, dass also das Anschauen von Pornografie sexuelle Entspannung bringe und das Anschauen von aggressivem Material Gewalt abbaue, ist nie belegt worden und ein Wunschtraum.[239] Es gibt viele Untersuchungen, die zeigen, dass das Anschauen von Gewalt Aggressionen steigert, nicht abbaut.[240] Die schon von Aristoteles[241] vertretene Auffassung, das Anschauen tragischer Spiele reinige die Gefühle, mag noch so oft in den populären Medien wiederholt werden, und bleibt doch nur deren billige Selbstwerbung,[242] denn noch jede Untersuchung hat bisher das Gegenteil nahegelegt. „So belegte der Bamberger Psychologe Prof. Herbert Selg, dass der Katharsis-Effekt unhaltbar ist und Pornografie keine Aggressionen abbaut, sondern sie im Gegenteil erzeugt. Und der Neuropsychologe Prof. Henner Ertel stellte schon 1990 bei der Befragung von 9.000 Männern und Frauen fest, dass die Mehrheit der Jungen nicht nur frei zugängliche, sondern auch indizierte Pornografie konsumiert. Er warnte schon damals vor dem ‚Abstumpf-Effekt‘, der bereits beim Konsum von drei, vier Pornos in der Woche eintritt ...“[243]

Der ‚Stern‘ schreibt dazu: „Machen Filme, in denen sexuelle Gewalt dargestellt wird, den Zuschauer gewalttätig, oder wirken sie eher wie ein Ventil? ‚Die Katharsis-Hypothese ist widerlegt. Wir wissen: Solche Filme wirken eindeutig verstärkend‘, sagt Professor Klaus Mathiak. Er ist Neurobiologe und Verhaltenspsychologe am Universitätsklinikum Aachen und leitet ein Forschungsprojekt, das die Wirkung von Gewaltmedien auf das Gehirn und auf das

Verhalten des Menschen erforscht. Alles, was häufig wiederholt wird – der Tennisaufschlag, das Spielen eines Instruments, Vokabelnbüffeln –, verändert das Gehirn. Man lernt. Auch Gewalt muss der Mensch lernen. Er muss eine Hemmschwelle überwinden. Boxer trainieren das mit speziellen Übungen. ‚Genauso funktionieren Gewalt-Computerspiele', sagt Mathiak. ‚Die Spieler können nur erfolgreich sein, wenn sie lernen, die Empathie mit ihren Opfern zu unterdrücken.' Also das Mitgefühl. ‚Bei Spielern, die lange und intensiv spielen, können wir spezifische Veränderungen im Gehirn nachweisen.' Bei Pornos, vor allem bei Gewaltpornos, wirkt derselbe Mechanismus. Bei jemandem, der sich laufend Gewaltsex und Gang-Bang-Szenen ansieht, bei denen die Frauen ‚echte Schmerzen' empfinden, bei dem verändert sich das Gehirn. ‚Vom Anblick leidender Menschen sexuell stimuliert zu werden, dazu muss man die Empathie ausschalten, sonst wirkt es nicht. Und das muss man erst lernen – indem man das immer und immer wieder anschaut.' Der pornografische Blick ist ein erlernter Blick. Wenn Pornografie schließlich zum Bestandteil des Alltags wird, verändert sich nicht nur die Sexualität eines Menschen, sondern sein ganzes Wesen. ‚Dann werden Sachen als normal empfunden, die man vorher als völlig unnormal empfunden hätte', sagt Professor Mathiak."[244]

Niemand behauptet dabei, wie manchmal unterstellt wird, Pornografie wäre die einzige Ursache für allerlei Übel, sie kann aber eine wesentliche Ursache sein. Rauchen ist nicht die einzige Ursache für Krebs, sondern es treten immer andere Risikofaktoren hinzu (z. B. Veranlagung, sonstiger Gesundheitszustand), trotzdem sind die Ergebnisse der Raucherforschung Grund genug, dass Rauchen als gefährlich angesehen wird. Ebenso ist es mit der

Pornografie. Alice Schwarzer schreibt etwa: „Die Wirkung von Pornografie hängt von zahlreichen Faktoren ab. Angefangen bei der situativen Verfassung des Konsumenten (ob gelassen oder wütend, nüchtern oder betrunken) bis hin zum familiären Milieu und kulturellen Kontext (ob aus Gewalt- oder aus emanzipierten Verhältnissen, geliebt oder traumatisiert)."[245]

Wählen wir ein Beispiel: Jemand hat Mühe damit, seine(n) alt gewordene(n) Partner(in) noch attraktiv zu finden, zumal die Beziehung auch sonst nicht zum Besten steht. Der Pornokonsum kann jetzt das Fass zum Überlaufen bringen: Der eine Partner heizt durch Pornografie sein (falsches) Schönheitsideal so auf, dass er keine sexuelle Beziehung zu einem Älteren mehr haben kann (obwohl er selbst älter ist), sein Partner ist darüber so entsetzt, dass die Kommunikation zwischen beiden schwer gestört ist. Hier ist die leicht verfügbare Pornografie natürlich nicht allein schuld am Ende einer Beziehung, aber sie trägt Mitschuld, ja, ist das letzte Element, dass das Fass zum Überlaufen bringt. Eine stabile intakte Beziehung älterer Menschen wird auch einigen Pornografiekonsum überstehen, aber dennoch kann man älteren Menschen nur raten, auf Pornografie zu verzichten und sich nicht dem emotionalen Diktat von frisierten nackten Bildern blutjunger Menschen auszusetzen.

Pornografie steigert die Vergewaltigungsbereitschaft

These: Harte Pornografie ohne und mit Gewalt steigert die selbst zugegebene Vergewaltigungsbereitschaft von Männern.

Wir zitierten schon eingangs den amerikanischen Psychologieprofessor Dolf Zillmann, seit Jahrzehnten einer der führenden Pornografieforscher, im 2004 erschienen „Lehrbuch der Medienpsychologie": „Die intensive Nutzung pornografischer Medianangebote steigert die selbst zugegebene Vergewaltigungsbereitschaft von Männern. Sowohl zwangsausübende als auch nicht zwangsausübende sexuelle Darstellungen haben diese Wirkung."[246]

Scot B. Boeringer untersuchte 1993 477 amerikanische Studenten und kam zu dem Schluss, dass nicht die weiche, aber die harte Pornografie signifikant die sexuelle Aggression und Vergewaltigungsbereitschaft erhöhten.[247]

Zillmann fasst die Ergebnisse von 35 Jahren Forschung so zusammen:

a) „Bei Männern verursacht die intensive Nutzung pornografischer Medienangebote eine größere Gefühllosigkeit gegenüber Frauen ...
b) Die intensive Nutzung pornografischer Medienangebote führt zur Trivialisierung von Vergewaltigung als kriminellem Akt. Die Trivialisierung von Vergewaltigung wurde über die Milde der erteilten Urteile für überführte Vergewaltiger, gemessen anhand der Dauer der Haftstrafe, operationalisiert. Nach der intensiven Nutzung von Pornografie hielten Männer und unerwarteterweise auch Frauen Vergewaltigung für ein weniger schweres Vergehen.
c) Die intensive Nutzung pornografischer Medienangebote führt zur Trivialisierung gewaltfreier Formen des sexuellen Missbrauchs von Kindern."[248]

Zillmann erläutert dazu: „Da es vollkommen unklar ist, ob solche Erklärungen der Vergewaltigungsbereitschaft jemals in wirkliche Taten münden, wurde dieses

Messinstrument kritisiert, weil es nicht unbedingt eine Neigung zur Vergewaltigung erhebe. Denn die Neigung bei der Erwartung von Entdeckung und Strafverfolgung sei normalerweise sehr viel geringer als bei derartig fiktiven Rahmenbedingungen. Wenn Männer zugeben, eine Vergewaltigung zumindest in Betracht zu ziehen, kann dies jedoch zumindest als weiteres Anzeichen für die sexuelle Gefühllosigkeit von Männern gegenüber Frauen aufgefasst werden und auch als Indikator für die Bereitschaft von Männern, die Verweigerung sexueller Handlungen durch Frauen mit jeglichen manipulativen Mitteln diesseits zwangausübender Gewalt zu überwinden."[249]

Die Beweislage wird dabei immer bedrückender. „Im Frühling 2007 schlug der Münchner Neuropsychologe Prof. Henner Ertel Alarm. Sein Institut für rationelle Psychologie macht seit dreißig Jahren Langzeitstudien zu den Auswirkungen von Pornografie. Bei der Auswertung der Daten aus den letzten zwanzig Jahren stellten die WissenschaftlerInnen ‚eine dramatische Entwicklung in den letzten fünf Jahren' fest: ‚Was da auf unsere Gesellschaft zukommt, ist das Grauen.' Die Psychologen registrieren veränderte Verhaltensweisen – ‚Gewalt ist heute ein legitimes Mittel, Ansprüche durchzusetzen' – und die Neurologen Veränderungen im Gehirn: ‚Das Gehirn passt seine Verarbeitungsstrategien an und schützt sich gegen die Flut von Gewalt und Pornografie durch Abstumpfung.' Ertel: ‚Emotionale Intelligenz und Empathiefähigkeit haben bei den Jugendlichen enorm abgenommen. Sexualität ist heute für die Mehrheit der jungen Männer, aber auch für viele junge Frauen unlösbar mit Gewalt verknüpft. Wobei die Männer sich mit den Vergewaltigern identifizieren, die Frauen mit den Vergewaltigten.'"[250]

Pornografie verstärkt den Vergewaltigungsmythos

These: Pornografie bringt den ,Vergewaltigungsmythos' (engl. rape myth) hervor oder verstärkt ihn.

„Pornographie ist unglaublich mächtig, um entstellte Denkstrukturen zu kreieren und zu erhalten, die in der Gesellschaft bestehen, etwa den Vergewaltigungsmythos oder die Mythen rund um den Missbrauch von Kindern.“[251]

Der englische Begriff rape myth („Vergewaltigungsmythos“) wurde 1980 von Martha R. Burt geprägt, inhaltlich beschrieben und belegt.[252] Was besagt die „Vergewaltigungsmythologie“? Kurz gesagt: Frauen, die vergewaltigt werden, finden fast immer am Ende Gefallen daran.[253] Eine gute Darstellung finden wir wieder bei dem Psychologen Herbert Selg, der seine Untersuchung im Auftrag des Pornomagazins Penthouse schrieb: Die Vergewaltigungsmythologie „besagt über die Opfer:

1. Alle Frauen wollen eigentlich vergewaltigt werden; sie genießen Vergewaltigungen. Eine Frau, die ‚nein‘ sagt, meint es nicht ernst.
2. Eine Frau kann nicht gegen ihren Willen vergewaltigt werden; also können nur „schlechte“ Frauen vergewaltigt werden.
3. Frauen beschuldigen besonders dann einen Mann zu Unrecht einer Vergewaltigung, wenn er ihnen nicht genügend ‚geneigt‘ ist ...“[254]

Dazu tritt der Mythos auf Täterseite:

„Männer, die eine Vergewaltigung begehen, sind krank; oder: Männer, die eine Vergewaltigung begehen, sind sexuell ausgehungert bzw. aus anderen Gründen besonders triebstark."[255]

Der Vergewaltigungsmythos

Über die Opfer/Frauen:

„(1) Alle Frauen wollen (eigentlich) vergewaltigt werden. Sie genießen Vergewaltigungen.

(2) Keine Frau kann gegen ihren Willen vergewaltigt werden. Nur ‚schlechte' Frauen werden vergewaltigt bzw. können vergewaltigt werden.

(3a) Frauen beschuldigen zum Beispiel dann einen Mann zu Unrecht der Vergewaltigung, wenn er ihnen den Laufpaß geben will.

(3b) Frauen beschuldigen zu Unrecht einen Mann, wenn sie etwas anderes zu verbergen haben (wenn sie zum Beispiel bei einem Seitensprung in flagranti erwischt werden)."[256]

Über die Täter/Männer:

„(1) Männer, die eine Vergewaltigung begehen, sind krank.

(2a) Männer, die eine Vergewaltigung begehen, sind sexuell ausgehungert.

(2b) Männer, die eine Vergewaltigung begehen, haben einen so starken Sexualtrieb, daß sie kaum anders können.

Die Funktion solcher Thesen ist klar: Sie entschuldigen die Täter und beschuldigen die Opfer."[257]

Selg verweist darauf, dass die Psychoanalyse und ihr Begründer Sigmund Freud wesentlich mitverantwortlich für die Verbreitung des Vergewaltigungsmythos sind: „In unserem Kulturkreis glauben wir alle mehr oder weniger an diese Mythen. Dabei hat nicht zuletzt auch die Psychoanalyse Pate gestanden, die mit Freud (u. a. 1905, 1924) bei Frauen verbreitet masochistische Tendenzen sieht. Zum männlichen Geschlecht heißt es entsprechend: ‚Die Sexualität der meisten Männer zeigt eine Beimengung von Aggression, von Neigung zur Überwältigung, deren biologische Bedeutung in der Notwendigkeit liegen dürfte, den Widerstand des Sexualobjektes noch anders als durch die Akte der Werbung zu überwinden.'"[258]

Was hat das nun mit Pornografie zu tun? Selg führt weiter aus: „Die Funktion solcher Mythologie ist klar: Sie beschuldigt die Opfer und entschuldigt die Täter ... Was wissen wir nun über die Auswirkungen von Vergewaltigungsdarstellungen auf diese und andere Einstellungen? Zunächst ist es von entscheidender Bedeutung, ob die Darstellungen ‚positiv' oder ‚negativ' enden, d. h., ob schließlich die vergewaltigte Frau vom Geschehen mitgerissen wird und Lust bis zum Orgasmus erlebt (= ‚positiv') oder ob ihre Abwehr, ihre Schmerzen, ihre Ängste dominant bleiben (= ‚negativ'). Wenn die dargestellte Frau bei der Vergewaltigung leidet, wird die Mehrzahl männlicher Pornokonsumenten nicht erregt ... Es gibt hier jedoch Ausnahmen ... Wenn die Frau bei der Vergewaltigung Lust empfindet, wird die Mehrzahl der Männer erregt. Wegen der Lust auf Seiten der Frau wird Mitgefühl überflüssig. In der Pornographie-Landschaft sind Vergewaltigungen mit ‚positivem' Ausgang – bis hin zur überschwenglichen Dankbarkeit der Frau gegenüber dem Täter – nicht die Ausnahme, eher die Regel. Es gibt Hinweise, daß Bilder von Vergewaltigungen mit Lusterleben der Frau in die Phantasie (von Männern und Frauen) übernommen werden. Eine Auswirkung auf das Verhalten ist dann keineswegs auszuschließen; offenes und verdecktes Verhalten korrelieren positiv ... Vergewaltigungsdarstellungen (mit ‚positivem' Ende) können zu einer höheren Akzeptanz der Vergewaltigungsmythologie und zu einer Abwertung der Frauen führen. Im Laborexperiment steigen Aggressivitäten, insbesondere gegen Frauen. Noch relevanter sind aber die folgenden zusammengehörigen Befunde: Der Konsum von Gewaltpornographie desensibilisiert gegen Gewalt; jedoch auch ‚normale' Spielfilme, die niemand als Pornographie einstuft, die aber das z. Zt. tolerierte hohe Ausmaß an Aggressionen und erotisch-aggressiven Episoden gegen Frauen enthalten, können (bei Männern) die Akzeptanz interpersonaler Gewalt allgemein und speziell die Akzeptanz der Vergewaltigungsmythologie erhöhen – ähnlich wie Gewaltpornographie."[259]

Zwei amerikanische Forscher schreiben in der Zeitschrift Psychology Today kurz und eindeutig: „Forscher haben gezeigt, daß, wenn man jemanden nur wenige Minuten sexueller Gewaltpornographie aussetzt, wie Vergewaltigungsszenen oder andere Formen sexueller Gewalt gegen Frauen, antisoziale Einstellungen und antisoziales Verhalten die Folge ist. Es steigert die Akzeptanz des Vergewaltigungsmythos ..."[260]

Eine psychologische Studie in den USA kommt zu dem Ergebnis: „Wer Pornos sieht, verharmlost bald Vergewaltigungen."[261] Studien der Psychologin Diana Russell von 1982 haben gezeigt, dass Konsumenten von Pornografie zum „Vergewaltigungsmythos" (rape myth) neigen, also der Sicht, dass Frauen gerne vergewaltigt werden und sich nur zum Schein wehren.[262] Zu demselben Ergebnis kam der Untersuchungsausschuss des amerikanischen Generalstaatsanwaltes.[263]

Wie sehr die Pornografie und mit ihr der Vergewaltigungsmythos schon länger in bedeutenden und berühmten Filmen Einzug gehalten haben, machen David Finkelhor und Kersti Yllo an zwei Beispielen deutlich, in denen Frauen Vergewaltigungen anschließend begrüßen, nämlich in „Vom Winde verweht“ (Gone with the Wind) - Rhett Buttler vergewaltigt betrunken Scarlett O’Hara, die davon schwanger wird und selig lächelt – sowie Coal Miner’s Daughter (in Deutschland unter „Nashville Lady“ veröffentlicht)[264].

Der Vergewaltigungsmythos ist nicht nur eine Sache der inneren Einstellung, sondern hat Auswirkungen auf das Handeln. 91,3% einer Gruppe von Männern im College sagten 1988, dass sie gerne eine Frau dominieren würden, 83,5%, dass manche Frauen so blicken würden, als würden sie gerne vergewaltigt. 61,7% fänden es anregend, Gewalt zu benutzen, um eine Frau zu unterwerfen.[265] Ebenfalls 1988 gaben unter männlichen Teenagern 25% an, eine Vergewaltigung sei gerechtfertigt, wenn man mehr als 10 Dollar in eine Frau investiert habe, und zwei Drittel hielten Vergewaltigung für gerechtfertigt, wenn sie mehr als sechs Monate mit einem Mädchen gingen.[266]

Der Gedanke, dass Frauen Aggression besonders erregt,[267] führt zu aggressivem Verhalten. Richard E. McLawhorn schreibt zu den Ergebnissen der Kommission des amerikanischen Generalstaatsanwaltes: „Auf der Grundlage der Beweise, die die Kommission untersuchte, kam sie zu dem Schluß, daß eine Bevölkerung, die glaubt, daß Frauen gerne vergewaltigt werden, daß sexuelle Gewalt und sexueller Zwang oft erstrebenswert oder angemessen sind und daß Sexualverbrecher für ihre Handlungen nicht verantwortlich sind, mehr Akte sexueller Gewalt oder sexuellen Zwanges begeht als eine Bevölkerung, in der sich diese Überzeugungen nur seltener finden."[268]

Pornografie zeigt immer massivere Gewaltorgien

These: Pornografie bringt automatisch immer brutalere Darstellungen und Szenen hervor, darunter unglaubliche Gewaltorgien, deren reine Beschreibung andere Menschen bereits verstört. Dies gilt, auch wenn gleichzeitig der Markt für Softpornografie ebenfalls wächst.

Wie von Gegnern der Pornografie angekündigt, nimmt die Pornografie immer brutalere und perversere Formen an. Die ehemalige Familienministerin Renate Schmidt (SPD) sagte bereits 1990: „Der Markt der pornographischen Möglichkeiten hat sich – ähnlich wie in den USA – von einer sanften Sex-Spielwiese zu einer harten Pornowelt mit zunehmender Brutalität gegen Frauen geändert."[269] Als was würde sie dann den heutigen DVD- und Internetpornomarkt bezeichnen, gegenüber dem die Gewaltpornografie der 1980er Jahre geradezu selten und harmlos war?

Ein Befürworter der Pornografie schreibt dazu: „Es gibt Hinweise, daß der Anteil von Gewalt in den Erotika steigt. Entgegen früherer Meinung erregen auch Beschreibungen gewaltdurchsetzter Sexualität den Konsumenten. Bei Vergewaltigungs-Darstellungen ist es wichtig, ob das Opfer zum Orgasmus gelangt oder nicht. Vergewaltigungen mit Orgasmus der Frau stimulieren stark, oft stärker als Beschreibungen ‚normalen' Geschlechtsverkehrs.

Die Betonung negativer Erlebnisse des Opfers reduzieren oder hemmen vielfach die Erregung; aber es gibt genügend Ausnahmen unter den Männern, die ohnehin bereits gewaltorientiert sind. Genau diese könnten auch die Hauptabnehmer des entsprechenden Angebots auf dem Markt sein."[270]

Wir wissen heute nur im Gegensatz zu diesen älteren Autoren, dass die Gewaltzunahme scheinbar kein Ende hat und sich nicht irgendwann totläuft. Stattdessen überbieten sich die Filmhersteller und Internetpornoseitenbetreiber gegenseitig – und gleichzeitig gewöhnt sich die Bevölkerung daran, dass Sex und Gewalt scheinbar gut zusammenpassen.

Eine einfache Suche im Internet fördert heute auch für den Nichtzahler (und damit auch für Kinder) in Kürze die abscheulichsten Bilder zu Tage. Sexueller Verkehr mit Toten, mit Untoten, mit Unholden, mit Kopflosen, mit Tieren und Kindern, mit gefesselten, verprügelten und gefolterten Menschen, Sex und Vergewaltigung mit und von Schwangeren, Frauen, die vor Begeisterung stöhnen, während ihnen mit einer glühenden Zange der Busen traktiert wird, Frauen beim Urinieren und Stuhlgang usw. sind längst an der Tagesordnung. Wer viel zahlt oder Illegales in Kauf nimmt, kann noch Schlimmeres sehen und hören. Das Jubiläumsheft zum 25-jährigen Jubiläum des Playboy enthält farbige Cartoons, die eine von einem Hund vergewaltigte Frau und einen Nikolaus beim Geschlechtsverkehr mit Rentieren zeigt.[271]

Viele Autoren haben diese Entwicklung hin zu immer brutaleren Darstellungen ebenfalls bestätigt. So schreibt der Jurist Gerhard Merkl noch vor Einführung des Internetbooms und vermutlich ohne damals zu ahnen, wie recht er leider behalten würde: „Die Entwicklung der letzten Jahre könnte man mit dem Satz umschreiben: immer mehr und immer härtere Pornos mit immer jüngeren Opfern. Über die Ursachen wird viel diskutiert. Ein Grund ist sicher die Teilfreigabe der Pornographie durch die sozial-liberale Koalition im Jahre 1975 gewesen. Unter Berufung auf fehlende Sozialschädlichkeit wurde das bis dahin bestehende absolute Herstellungs- und Verbreitungsverbot für die sogenannte einfache Pornographie eingeschränkt. In der Überzeugung, dass diese bei Erwachsenen keine fassbaren Schäden anrichtet, erschien der damaligen Koalition die diesbezügliche Strafdrohung als moralische Bevormundung des mündigen Bürgers, die es zu beseitigen galt. Mit diesen Maßnahmen wurde eine gesellschaftspolitische Weichenstellung vorgenommen. Aufgrund der Freigabe entfaltete sich ein Markt, der auch den Gesetzen des Marktes folgt, der Bedürfnisse also nicht nur befriedigt, sondern auch weckt und für ganz andere Zwecke nutzt."[272]

In dem beliebten Video The Morbid Snatch[273] – um nur ein Beispiel unter vielen zu zitieren – planen zwei Männer die Entführung eines jungen Mädchens und führen diese aus. Sie machen mit dem Mädchen die brutalsten Dinge, setzen es unter Drogen, legen es auf kalte Steinböden, vergewaltigen es und zwingen es zum Sex mit einem Mann und einer Lesbierin gleichzeitig. Die junge Frau reagiert immer wieder selbst erregt, was typisch für den oben beschriebenen sogenannten „Vergewaltigungsmythos" ist.

Ein Bereich, in dem die Brutalisierung der Pornografie ganz offensichtlich wird, ist die Kinderpornografie. Brutalisiert werden nicht nur die Nutzer und die zu den

Aufnahmen grausam gezwungenen Kinder, sondern auch die daran beteiligten Eltern oder Erziehungsberechtigten. Wichtig ist dabei, „daß Kindesmißbrauch in diesen globalen Netzen keineswegs ein rein verbaler Spaß für verklemmte Gedankentäter ist, sondern der erste Schritt zur realen Tat“.[274]

Und dabei vergesse man eins nicht: Viele der Pornofilme zeigen echte Gewalt und Brutalität und nicht bloß gespielte Gewalt. Martin Amis hat etwa als Augenzeuge und aufgrund von Interviews vor Ort beschrieben, wie unheimlich brutal die Herstellung von Hardcorepornografiefilmen zum Teil ist, wenn beispielsweise 18-Jährige mehrmals täglich Fäuste in den Analbereich gesteckt bekommen und nach einem Jahr so heruntergewirtschaftet sind, dass sie für die Hauptfilme nicht mehr geeignet sind.[275]

Pornografie führt zu Nachahmungsverbrechen und Vergewaltigung

These: Pornografie kann zu Nachahmungsverbrechen führen, vom sexuellen Zwang in der Ehe bis zur Gruppenvergewaltigung.

„Pornographie geriet Ende der 1990er Jahre wegen Fällen von Gruppenvergewaltigungen unter Teenagern in Schweden in den Mittelpunkt der Debatte.“[276] Wie bei Gewalt in den Medien, die ins Gerede kommt, wenn wieder einmal ein Amokläufer ein Videospiel nachstellt, kommt auch die Gewaltpornografie ins Gerede, wenn Minderjährige gemeinsam andere vergewaltigen und die entsprechenden Handyaufnahmen herumzeigen oder verschicken. Doch sofort wird von Medien und Wissenschaft abgewiegelt, dass man die direkte Verbindung nur schwer beweisen könne. Ja, natürlich kann man das nicht, denn Psychologie ist eine komplizierte Wissenschaft, und bei jeder Handlung eines Menschen spielen viele Faktoren eine Rolle. Soll das aber heißen, dass Menschen unbeeinflusst bleiben, wenn sie sich von Maschinen vergewaltigte Mädchen im Film anschauen? Dass es Nachahmungsverbrechen gibt, dürfte doch grundsätzlich unstrittig sein! Warum nur wird dann die Pornografie immer so beschützt?

Die Eingabe von „Sex" und „Vergewaltigung" bei Google führt mit einem Klick in ein Reich der Finsternis – und zwar auch einen 6-Jährigen. Hier die Werbezeilen der ersten beiden Angebote: „Die Rapesex Videothek – Gedemütigte Mädchen, niedergemacht, ausgenutzt und brutal vergewaltigt. Tausende extreme Forcedsex Bilder und harte Gewaltsex Videos. Die Sexorgien eines Triebtäters"; „Brutale Rape Sex Website mit tausenden Vergewaltigungen und Rape Sex Pornofilme. Erniedrigte und geschändete Mädchen auf Video in DVD Qualität." Und all das soll angeblich Fantasie bleiben, wenn es Erwachsene, wenn es Jugendliche und wenn es Kinder anschauen? Ist das also die neue große Freiheit, für die man dafür gekämpft hat, dass Sexualität nie wieder etwas mit Moral und Religion zu tun haben soll?

Der Stern schildert eine andere Art, in der die Verherrlichung von Vergewaltigung und Gewaltsexualität Allgemeingut wird, wenn er den bei deutschen Kindern und Jugendlichen beliebtesten Teil der Rapperszene beschreibt: „Die Helden, die Idole dieser Kinder, heißen Sido, Bushido, Frauenarzt und King Orgasmus One. Es sind Porno-Rapper. Viele ihrer Songs werden nie im Radio gespielt, weil sie auf dem Index stehen. Sie sind als jugendgefährdend eingestuft. Trotzdem werden sie vorwiegend von Jugendlichen gehört. Und von Kindern. Im Internet kann sie jeder problemlos downloaden. Die Songs der Porno-Rapper sind Bestseller. Sido ist der berühmteste. Der Hit, der ihn bekannt machte, ist der ‚Arschficksong'. Darin besingt er, wie er ein kleines Mädchen, die Katrin, anal vergewaltigt: ‚Katrin hat geschrien vor Schmerz. Mir hat's gefallen ... Ihr Arsch hat geblutet. Und ich bin gekommen.' ... Sidos größter Konkurrent ist Bushido. Im vergangenen Jahr ist er mit dem Echo und dem MTV Europe Music Award geehrt worden. Was für Sido der ‚Arschficksong', ist für Bushido das Stück ‚Gang-Bang', das so beginnt: ‚Ein Schwanz in den Arsch, ein Schwanz in den Mund, ein Schwanz in die Fotze, jetzt wird richtig gebumst.' Bushido füllt die großen Hallen. Die Konzert-Uniform der Mädchen ist ein T-Shirt mit der Aufschrift ‚Gang-Bang' ... Sido und Bushido sind Softies, wenn man sie mit Frauenarzt vergleicht. ‚Bei mir muss es so richtig knallhart sein', sagt er. Seine Songs nennt er ‚takes'. Es sind ins Mikro gebrüllte Vergewaltigungsfantasien. Vergewaltigungen allein, in der Gruppe, mit Schlägen. Wie alle Porno-Rapper hat natürlich auch Frauenarzt einen Gang-Bang-Song. Darin brüllt er: ‚Alle rauf auf eine Frau.' ... ‚Wir ficken dich, bis dir die Lippen brechen.' Seine CDs sind eine Ansammlung solcher Albträume. Davon verkauft er bis zu 10 000 Stück in jedem Monat."[277] Alice Schwarzer fügt dazu an: „Als Sidos Kollege Bushido vor zwei Jahren röhrend ankündigte, er wolle ‚Tunten vergasen', da ging ein Aufschrei durch die Öffentlichkeit. MenschenrechtlerInnen und Homo-Organisationen protestierten bei der Plattenfirma Universal. Mit Erfolg. Bushido musste sich für seine ‚Dummheit' entschuldigen und die entsprechende Textstelle auf dem schon fertigen Album streichen. Gegen den allgegenwärtigen Frauenhass der Brutalo-Rapper protestieren keine Menschenrechts-Organisationen. Schwulenhass scheint eben politisch unkorrekter zu sein als Frauenhass."[278]

Jerry R. Kirk schreibt über die bisher vielleicht umfangreichste staatliche Untersuchung der Pornografie durch eine vom amerikanischen Präsidenten beauftragte Untersuchungskommission des Generalstaatsanwalts noch vor Einführung des Internets und zu Zeiten, als die Gewaltpornografie gemessen an heute noch in den Anfängen steckte: „Die Studie zeigt eindeutig, daß es eine Verbindung zwischen harter Pornografie und gewalttätigen Sexverbrechen wie Vergewaltigung und Mord und Körperverletzungen an Frauen und Kindern gibt."[279] Diese Kommission kam 1986 aufgrund umfangreicher Untersuchungen ohne Gegenstimme zu dem Ergebnis, dass es eine direkte Verbindung zwischen sexuellen Gewaltakten und dem Konsum von Gewaltpornografie gibt,[280] und dies, obwohl Fürsprecher der Pornoindustrie zur Kommission gehörten!

David Alexander Scott hat eine Vielzahl von psychologischen Studien zusammengestellt, die zeigen, dass gerade die „harmlose" Pornografie die Schranken gegenüber Vergewaltigung und Kindesmissbrauch aufweicht.[281]

Pornografie führt dazu, dass ihre Konsumenten ausprobieren und nachahmen, was ihnen optisch vorgemacht wird. So wurden einer Senatskommission Untersuchungen vorgelegt, die zeigen, dass 77% aller Sexualverbrecher an Jungen und 87% solcher an Mädchen zugaben, dass sie Praktiken ausprobierten, die sie in pornografischen Schriften gefunden hatten.[282] Nachdem sie entsprechende Filme gesehen hatten, sagten ein Drittel dieser Studenten der Universität von Kalifornien, dass sie glaubten, dass Frauen sich an Sex, der ihnen aufgezwungen wird, erfreuen. 75% von ihnen würden eine Vergewaltigung erwägen, wenn sie wüssten, dass sie garantiert nicht erwischt würden.[283]

Das vorrangige Verbrechen, das die Pornografie hervorbringt, ist natürlich die Vergewaltigung.[284] Wer dem Vergewaltigungsmythos erliegt und Vergewaltigung immer weniger verabscheut, führt sie auch eher tatsächlich durch. In Sexmagazinen und im Internet finden sich Schritt-für-Schritt-Darstellungen, wie eine Vergewaltigung abläuft, ohne dass irgendjemand Protest erhebt.[285] Sollte wirklich jemand meinen, dass solche Abbildungen und Zeichnungen folgenlos bleiben und ein privates Vergnügen sind?

Eine hochkarätige Untersuchungskommission des kanadischen Justizministeriums kam bei einer Untersuchung der kanadischen Vergewaltigungsfälle bereits 1983 zu dem Ergebnis,[286] dass etwa 50% aller Vergewaltiger sich mit Pornografie auf die Vergewaltigung vorbereitet hatten. Im Einzelnen galt dies für etwa 75% der hetero- und der homosexuellen Kinderschänder, für etwa 60% der Inzesttäter und für etwa 38% der „normalen" Vergewaltiger.[287] Ähnlich kam ein Gutachten für den amerikanischen Generalstaatsanwalt 1985 zu dem Ergebnis, dass alle amerikanischen sexuellen Gewaltverbrecher gestehen, dass Pornografie ihren Wunsch nach abweichenden Aktivitäten erhöht hat,[288] ja dies mittlerweile zur Standardentschuldigung vor amerikanischen Gerichten gehört! Überhaupt zeigen nach James B. Weaver klinische Studien die Rolle von pornografischem Material bei fast allen Sexualverbrechen.[289]

„Eines der stärksten Argumente für einen ursächlichen Zusammenhang zwischen Pornographie und Gewalt gegen Frauen liefert Diana Russell, die behauptet, dass Männer tatsächlich eine Veranlagung zu Gewalt und zu Vergewaltigung haben. Wie wirkt dann jedoch Pornographie auf Männer mit einer solchen Veranlagung? Laut Russell werden viele Männer allein durch moralische und kulturelle Hemmungen von der Erfüllung ihres durch Veranlagung induzierten Begehrens abgehalten. Genau diese moralischen und kulturellen Hemmungen werden von Pornographie unterminiert. Russells Argument trifft insofern einen Punkt, weil Pornographie tatsächlich eine Rolle bei der Unterminierung von Hemmungen bei Männern spielt, insofern das pornographische Szenario Frauen so darstellt, dass die Männer Gewalt begehen, und Männer in einer Kultur präsentiert, die Gewalt zuläßt."[290] Auch wenn es meines Erachtens keine Belege dafür gibt, dass alle Männer eine Neigung zu Vergewaltigung haben, so gibt es auf jeden Fall solche Männer, denen dann Pornografie einen Freibrief zu vermitteln scheint.

Es geht hier nicht nur um theoretische Überlegungen, sondern um reale Taten, die sich mit Zahlen belegen lassen. Der Jurist Friedrich-Christian Schroeder schreibt dazu: „In einer Untersuchung der Psychiatrischen Klinik der Universität Heidelberg wurde ermittelt, daß bei 37 jugendlichen, heranwachsenden und jungerwachsenen Tätern von Tötungsdelikten in 3 Fällen der Konsum von Horror- oder Pornofilmen strafmildernd berücksichtigt worden war. Bei einer Untersuchung in den USA wurde 1973 festgestellt, daß Vergewaltigungstäter fünfzehnmal häufiger als eine Kontrollgruppe im Alter zwischen sechs und zehn Jahren harte Pornographie genossen hatten. Andere Forschungen ergaben allerdings keine signifikanten Unterschiede."[291]

Bruce V. Loding stellte 2005/2006 in seiner Dissertation fest, dass jugendliche Sexstraftäter wesentlich häufiger vor dem 10. Lebensjahr Pornografie gesehen haben und dies traumatisch fanden als andere Jugendliche.[292] Glenn A. Walp hat in seiner Dissertation mit Lügendetektortests nachgewiesen, dass Sexualstraftäter, die in ihren Aussagen einen Zusammenhang mit ihrem Pornokonsum herstellen, überwiegend die Wahrheit sagen.[293]

Oft verschwiegen wird, dass die Zahl der Vergewaltigungen in der Ehe durch Pornografie sprunghaft zugenommen hat.[294] Frauen beklagen sich zunehmend, dass ihnen von ihren Partnern durch Pornografie angeregte Sexualpraktiken aufgezwungen werden. Pornografie ist zum festen Bestandteil von Vergewaltigungen und Praktiken gegen den Willen der Frauen in der Ehe und in festen Beziehungen geworden, da die Männer Vorgegebenes nachahmen wollen und die Frauen befürchten, dass ihre Männer andernfalls zu willigeren Partnern oder zu Prostituierten wechseln.[295]

Schon 1978 gaben von 929 befragten Frauen 10% an, ihre Männer hätten sie zwingen wollen, Sexualpraktiken aus Pornos nachzuspielen.[296] Bei einer Untersuchung von 500 Frauen in den USA 1995 beklagten sich 15%, sie würden unter Druck gesetzt, bestimmte Handlungen nach pornografischer Vorlage vorzunehmen.[297]

Es ist überhaupt an der Zeit, dass die Opfer der Pornografie und Gewalt endlich an die Öffentlichkeit gehen[298] und von dieser nicht automatisch als Spielverderber gebrandmarkt werden.

Der Widerspruch der feministischen Pornografiekritik

Es sind vor allem viele Feministinnen, die Pornografie als Sanktionierung von Gewalt gegen Frauen und harte Pornografie als Vorstufe der Vergewaltigung ansehen.[299]

Die feministische Antipornografiebewegung entstand nach Ann Russo aus der Antigewaltbewegung der Feministinnen in den 1970er Jahren und führte Ende der 1970er Jahre zur Trennung von der Schwulenbewegung,[300] für die pornografische Darstellungen ihrer Vorlieben ein wesentliches Anliegen war und ist.[301] Auch wenn ich hier kritisiere, dass die feministische Pornografiekritik nur frauenverachtende Pornografie ablehnt, alle andere Pornografie aber begrüßt oder für unerheblich hält[302] und nicht sehen will, dass ihr Kampf für jede Art der sexuellen Freizügigkeit und für die freie Gewalt gegen Ungeborene wesentlich mit zur pornografischen Gesellschaft geführt hat, ist ihr doch zu danken, dass sie über viele Jahrzehnte überhaupt den Protest gegen Pornografie publik gemacht und am Leben erhalten hat.

Feministische Forscherinnen in aller Welt wie Catherine Itzin, Laura J. Lederer, Gail Dines, Andrea Dworkin und Diana E. H. Russell, haben über Jahrzehnte eine Vielzahl hervorragender wissenschaftlicher Untersuchungen und Sammelbände, die sich kritisch mit Pornografie auseinandersetzen, hervorgebracht.[303] Dass man meist sogar auf sie nicht hört, zeigt, dass unsere westliche Gesellschaft derzeit beschlossen hat, keine ernsthafte Kritik an der Pornografie zuzulassen. Gail Dines, führende feministische Kritikerin der Pornografie, beschreibt etwa, welchen Behinderungen sie in ihrer Forschung ausgesetzt war und ist.[304]

Anführerin des Protestes gegen die frauenverachtende Pornografie in Deutschland war und ist Alice Schwarzer. Sie und andere Repräsentanten der feministischen Bewegung[305] sehen Pornografie als Vorstufe der Vergewaltigung an. Als Erste war dies wohl in den 60er-Jahren Robin Morgan mit dem Schlachtruf ihres Artikels „Theorie und Praxis: Pornographie und Vergewaltigung".[306]

Alice Schwarzer schreibt: „Das ist das neue Bild: die vernuttete Frau. Pornographie ist, wenn die Erniedrigung der Frau – das ist das Entscheidende! – sexualisiert dargestellt und propagiert wird. Egal ob das die sogenannte Weich- oder Hartpornographie ist ... Pornographie propagiert ein Bild von Frauen als Objekte, die man benutzen kann, erniedrigen, foltern, töten kann, ja muß, weil das lustbringend ist. Selbstverständlich formt sie die Phantasie, die Bedürfnisse und den Blick, vor allem von den besonders formbaren jungen Leuten. Pornographie ist eine Propagierung der Frauenverachtung, der Menschenverachtung. Gerade wir Deutschen wissen, was das heißen kann, wenn man ungestraft und unwidersprochen die Verachtung und Erniedrigung von Menschen propagieren kann – und bis wohin das führen kann ... Die allgegenwärtige Pornographie – die nichts mit Erotik zu tun hat ... – hat die Erotik kaputtgemacht ... Die Pornographie hat auch den Blick der Frauen geprägt."[307] „Denn Pornographie schafft von Frauen ein Bild als Menschen zweiter Klasse, als geborene Opfer: gerade gut genug, benutzt, genommen, vergewaltigt, gefoltert und massakriert zu werden. Pornographie ist so viel mehr als nur Ausdruck der gesamten Brutalisierung unserer Gesellschaft."[308]

Die feministische Bewegung, sofern sie gegen Pornografie ist, ist allerdings hier in einem tiefen Widerspruch gefangen. Sie will Gewalt gegen Frauen bekämpfen und sieht Pornografie zu Recht als deren Wegbereiter an, will aber zugleich keine moralischen Standards im Bereich der Sexualität gelten lassen, sondern macht sich über engstirnige und prüde Konservative und Religiöse lustig und sieht auch keine Verbindung zwischen der radikal erstrittenen Freigabe der Gewalt gegen Ungeborene und der Gewalt gegen Geborene.

Die Fehler der feministischen Pornografiekritiker sind meines Erachtens,

1. dass sie nur den Angriff auf die Frauen anprangern – was aber ist mit Kindern und Männern, mit Behinderten und „Hässlichen“ als Opfer?;
2. dass sie übersehen oder verharmlosen, dass die von der feministischen Bewegung selbst geförderte und erkämpfte völlige Freizügigkeit in sexuellen Dingen maßgeblich an der Pornografiewelle beteiligt ist;
3. dass sie die führende Beteiligung von Frauen an der Pornoindustrie verschweigt und sie als reine Männersache hinstellt;
4. dass sie alle Männer unter den Generalverdacht des Vergewaltigungswunsches stellt, anstatt einen „Aufstand der Anständigen“ zu fordern, der Männer und Frauen umfasst;
5. dass sie nicht radikal gegen jede Art von Gewalt ist und damit auch die gegen Ungeborene in Form der Abtreibung.[309]

Von feministischer Seite wird nämlich selten darauf hingewiesen, dass die Freigabe der Pornografie gerade auch von Feminist(inn)en gefordert wurde und das Anschwellen der Pornografie nicht ausschließlich Männersache war, sondern in Deutschland gerade auch mit dem

Namen einer Frau, eben Beate Uhse, verbunden ist, die wiederum die früheren Antipornografiegesetze für typische Auswüchse männlicher Herrschaft ansah.[310] Uhse hatte bereits 1974, also schon bevor das Gesetz zur Freigabe der Pornografie zum 1.1.1975 in Kraft trat, ein Rekordjahr und feierte das neue Gesetz auch als persönlichen Triumph.[311] Dass Pornografie leider auch zunehmend für Frauen produziert wird und bereits 25% der Pornografiesüchtigen weiblich sind, haben wir bereits im ersten Kapitel herausgearbeitet.

Immerhin hat Schwarzer später bereut, was sie 1975 mitverursacht hatte, wenn sie, wie wir bereits eingangs gesehen haben, ihre Fehleinschätzung der Freigabe der Pornografie in Deutschland 13 Jahre später so beschreibt: „Es ist wahr, daß wir alle, auch jemand wie ich, damals nicht alarmiert waren. Für mich war die Reform des Sexualstrafrechtes ein Fortschritt."[312] Schwarzer und andere waren damals nicht nur nicht alarmiert, sondern haben die Warner, die die Entwicklung vorausgesehen haben, bekämpft und lächerlich gemacht.

Feministinnen pro Vergewaltigungsfantasien

Neben feministischen Kritikern der Pornografie als Zeichen der Gewalt gegen Frauen gibt es eine Flut von feministischer Literatur pro Pornografie,[313] die Pornografie als Frauenrecht und Beitrag zur Befreiung der Frauen von sexueller Unterdrückung sieht, – von verharmlosenden, auch akademischen Werken, die viele unangenehme Bereiche gar nicht ansprechen,[314] einmal nicht zu reden. Diana E. H. Russell etwa hat darauf aufmerksam gemacht, dass die amerikanische National Organization for Woman, die größte feministische Organisation der Welt, Pornografie noch nie verurteilt hat und nicht für schädlich hält, also wohl auch nicht ihre brutalsten Spielarten im Internet.[315]

Feministinnen pro Pornografie können auch Vergewaltigungspornografie etwas abgewinnen, weil sie Frauen angeblich helfen, ihre Fantasien frei von männlichen Vorschriften und frei von tatsächlich Gewalt ausübenden Männern – also ohne Körperkontakt – auszuleben.[316] So schreibt Wendy McElroy: „Die Pornographie schiebt die emotionale Verwirrung beiseite, die den Sex in der realen Welt so oft umgibt. Pornographie erlaubt es Frauen, Szenen und Situationen zu genießen, die im wirklichen Leben Anathema für sie wären. Nehmen wir zum Beispiel eine der häufigsten Phantasievorstellungen, von denen Frauen berichten – die Vorstellung, ‚genommen', vergewaltigt zu werden. Zunächst muss man einsehen, dass eine Vergewaltigungsphantasie nicht das Verlangen nach ihrer Verwirklichung bedeutet. Es ist eine Phantasievorstellung. Die Frau hat die Kontrolle über das kleinste Detail jeder Handlung ... Vielleicht ist es schmeichelhaft, sich vorzustellen, dass ein bestimmter Mann so überwältigt von ihr ist, dass er sie haben muss. Vielleicht ist sie neugierig. Vielleicht hat sie etwas masochistische Neigungen, denen sie durch ihre Phantasien Luft verschafft. Ist es besser, sie zu unterdrücken?"[317]

Auch Isabelle Azoulay plädiert in ihrem Buch „Phantastische Abgründe: Die Gewalt in der sexuellen Phantasie von Frauen"[318] dafür: „Die weibliche Phantasie bedient sich zielstrebig, großzügig und nicht zimperlich gewaltgeladener Bilder. Die Rehabilitierung der Gewalt in der sexuellen Phantasie ist somit das Anliegen der Schrift,"[319] und begründet das als promovierte Soziologin anhand psychoanalytischer Theorien – ganz in der Tradition von Sigmund Freud, obwohl dessen verheerende Sicht der Verharmlosung von Vergewaltigung von Frauen längst aufgedeckt und verworfen wurde.[320] „Die ideologische Verpflichtung auf Aggressionsfreiheit betrügt die Frauen um ihre Möglichkeiten."[321] Gegen jedwedes Verbot gewaltpornografischer Darstellungen schreibt die Autorin: „Selbst wenn das grundsätzliche Problem ein kollektives negatives Frauenbild des Mannes sein sollte, würde die Unterdrückung von Pornographie daran nichts ändern. Phantasien lassen sich durch äußere Regeln weder ausschalten noch modifizieren. Wenn Alice Schwarzer von einer ‚Vernuttung' des Frauenbildes in der Form einer ‚allzeitbereiten Frau' spricht, ist daher zu fragen: Sind diese Phantasien nicht ein Bestandteil der Sexualität? Wäre Sexualität ohne solche Phantasien nicht gleichsam auf eine gymnastische Freiübung reduziert?"[322]

Neuere Autoren versuchen die beiden gegensätzlichen Flügel der feministischen Bewegung als zwei Seiten einer Sache zu vereinen. So schreibt Nicola Döring etwa: „Die Menge und Vielfalt sexualbezogener Netzangebote, die sich an heterosexuelle Männer richten, schafft ein sexualisiertes Klima, in dem unerwünschte Annäherung wahrscheinlicher wird"[323] und warnt vor der Gefahr „virtueller Vergewaltigungen",[324] einer ganz neuen Form der Gewalt gegen Frauen ohne direkte, persönliche Begegnung von Menschen, will aber gleichzeitig keinerlei Einschränkungen vornehmen, sondern die befreiende Kraft von Pornografie und Phantasie für die Frauenbewegung nutzen.[325]

Kinderpornografie

These: Die Zunahme der Kinderpornografie hängt nicht nur, aber auch mit der Pornografisierung der Gesellschaft zusammen. Man kann Kinderpornografie nicht einfach künstlich von Pornografie trennen, als hätten beide nichts miteinander zu tun.

Etwa 20% der Internetpornografie ist Kinderpornografie, hat eine vom US-Justizministerium in Auftrag gegebene Studie im Jahr 2003 errechnet,[326] und die Trennlinie zwischen der Freigabe der Pornografie und dem Verbot der Kinderpornografie ist oft künstlich. Ohne die massenhafte Pornografie der Gegenwart gäbe es wohl auch nicht die massenhafte Kinderpornografie. Die Forderung von Kinderpornografie-Experten der Polizei ist da realistischer: „In diesem Zusammenhang wäre es höchste Zeit, eine gesellschaftliche Ächtung jeder Form von Pornografie und jeder anderen menschenunwürdigen Darstellung von Menschen durch das Aufzeigen der Zusammenhänge zu initiieren."[327]

‚Innocence in Danger', eine seit 1999 weltweit gegen Ausbreitung der Kinderpornografie im Internet tätige Organisation, beschreibt die Notwendigkeit ihrer Arbeit wie folgt: „Pädokriminalität wird verstärkt von internationalen kriminellen Netzwerken organisiert, die sich dabei digitaler Technologie und des Internets bedienen. Täter, die sexuellen Missbrauch an Kindern in Bild und Film dokumentieren, nutzen das Internet, um ‚ihre Beute zu jagen', d. h. Kinder und Jugendliche anzusprechen, um ihr ‚Material' zu tauschen oder aber um ihr ‚Material' zu verkaufen bzw. um ihre Menschenhandelsgeschäfte abzuwickeln ...

- Einer polizeilichen Untersuchung in Kanada und den USA zufolge wurde eines von fünf Kindern über das Internet zu einem Treffen mit Pädokriminellen angelockt.
- Laut UNICEF wurden im Jahr 2001 weltweit 10 Millionen Kinder vermisst, missbraucht, zur Prostitution gezwungen, gefoltert, vergewaltigt oder umgebracht.
- Nach Angaben von Interpol wird im Kinderhandel jährlich ein Nettogewinn von 19 Milliarden US-Dollar erzielt.
- 2002 wurden bereits 182.000 ‚pädo-kulturelle' Internetseiten ermittelt (70.000 im Jahre 2001).
- Bis jetzt wurden weltweit über 4.500 Chatrooms ermittelt, die als Markt für pädo-pornografische Fotos und Filme dienen, Tendenz steigend.
- In Deutschland gibt es nach Expertenschätzungen etwa 50.000 ständige Konsumenten von Pornographie an Kindern.
- 2002 wurden laut der polizeilichen Kriminalstatistik des BKA 15.998 Fälle von sexuellem Missbrauch an Kindern und 2002 Fälle der Beschaffung bzw. des Besitzes von Kinderpornographie angezeigt.
- 20.000 CD-ROMS wurden allein in einem Netzwerk entdeckt, auf denen etwa 100.000 pädo-pornografische Bilder enthalten sind und die als ‚Einkaufskatalog' für Pädokriminelle dienen (das Zandvoort-Netzwerk).
- Ein Pädophiler missbraucht im Laufe seines Lebens durchschnittlich 100 bis 250 Kinder.
- Ein Kind kann für 20 bis 20.000 US-Dollar gekauft werden. Als ‚Sexsklave' kann es jedoch Millionen einbringen."[328]

„Der Wunsch, eine Sammlung von Fotos möglichst vieler Kinder zu haben, scheint eine allgemeine, wenn auch nicht immer zu findende Charakteristik der Pädophilen zu sein",[329] schrieb die US-Regierung bereits 1986. Im Dezember 2003 wurde in Großbritannien ein Mann verhaftet, der 450.000 Bilder mit Kinderpornografie gespeichert hatte. Bei zeitgleichen Großrazzien der Polizei bei Tätern, die miteinander in Verbindung stehen, werden in Europa heute oft über 1 Million Abbildungen und Filme gefunden. Vor dem Internetzeitalter war 1995 der größte Fund in Großbritannien eine Sammlung von 12 Bildern und Filmen.[330]

Nackte Kinder gehörten lange zum festen Bestand der Zeitschrift Playboy. Eine Studie der American University in Washington zählte Nacktdarstellungen von Kindern pro Ausgabe: Hustler 14,1; Playboy 8,2; Penthouse 6,4. 46% der Darstellungen zeigten dabei Kinder zwischen 4 und 11 Jahren.[331] Aufgrund der geänderten Rechtslage gehört das inzwischen der Vergangenheit an, aber die Pornoverlage kämpfen mit harten Bandagen dafür, dass der Schutz von Kindern und Jugendlichen nicht verschärft wird und nutzen jede noch so kleine Gesetzeslücke. Wenig entwickelte, mädchenhaft aussehende, angeblich gerade 18 Jahre alt gewordene Teenager sind deswegen der größte Renner im Internet.[332] Dies gilt besonders für zierlich gewachsene Asiatinnen.

Die Reaktion des Staates ist zwar inzwischen erfolgt, aber doch nicht weitreichend genug. Gerhard Merkl schreibt: „In einem Teilbereich schlägt das Pendel jetzt zurück. Ich meine die Kinderpornographie. Hier hat der Gesetzgeber vor Kurzem neue strafrechtliche Bestimmungen geschaffen. Seit dem 1. September 1993 sind Erwerb und Besitz von Kinderpornographie strafbar. Dies wird ergänzt durch Strafverschärfungen für Herstellung und Vertrieb solcher Machwerke sowie für gewerbsmäßiges und bandenmäßiges Handeln. Vor allem Berichte in den Medien hatten einer breiten Öffentlichkeit vor Augen geführt, welch abscheuliche Praktiken bei der Herstellung von Kinderpornographie gang und gäbe sind. Und in der Tat ist der Mißbrauch von Kindern und sogar von Säuglingen in diesem Bereich erschütternd. Welche Ausmaße die Verbreitung von Kinderpornos angenommen hat, weiß dabei niemand genau; man schätzt, daß es bei uns ein Videoaustauschnetz von etwa 20.000 Abnehmern und Verteilern gibt. Am Werk sind skrupellose Geschäftemacher, aber auch – und das ist besonders bedrückend – Väter und Mütter, die ihre Kinder mißbrauchen und so zur Ware degradieren. Wir wissen, daß die betroffenen Kinder in vielen Fällen lebenslange psychische Schäden davontragen. Wir müssen daher versuchen, solchen Erscheinungen auch mit strafrechtlichen Mitteln entgegenzuwirken und sie zu unterbinden."[333]

Der Staat bekämpft dabei die Kinderpornografie nach wie vor halbherzig – meines Erachtens, weil er ungern die Freiheit der Pornografie an sich infrage stellen will. Bei 30.000-40.000 regelmäßigen Konsumenten von Kinderpornografie allein in Deutschland mit mindestens 200 Mio. €[334] Umsatz müsste viel mehr geschehen. Der Besitz von Kinderpornos, die vor dem 23.7.1993 erworben wurden, ist nicht strafbar, sodass viele Täter einfach behaupten, das Material vorher erworben zu haben, wie Polizeiexperten berichten.[335] Die Verjährungsfrist beträgt unglaubliche sechs Monate – wie soll die Polizei da nachkommen? – und es werden praktisch nur Geldstrafen verhängt.[336] „Das Fazit nach dem Blick in das Rechtssystem ist wenig ermutigend: Es wimmelt nur so von Unklarheiten, unübersichtlichen Regelungen, denen es stets um etwas anderes geht, nur nicht um den Schutz und die Garantie einer ungestörten psychischen und sexuellen Entwicklung von Kindern und Jugendlichen."[337]

In Österreich wurde Kinderpornografie bis 1994 sehr lasch behandelt, 1994 dann der § 207a des Strafgesetzbuches eingeführt und schließlich erfreulicherweise 2004 als § 207a „Pornographische Darstellungen Minderjähriger" verschärft. Strafbar sind nun nicht nur pornografische Darstellungen unmündiger (bis 14 Jahre), sondern auch minderjähriger Personen (bis 18 Jahre). Als pornografische Darstellungen definiert sind dabei wirklichkeitsnahe Abbildungen einer geschlechtlichen Handlung oder bildliche Darstellungen, deren Betrachtung den Eindruck vermittelt, es handle sich um eine wirklichkeitsnahe Abbildung. Während das deutsche Recht generell von Schriften spricht, also auch Text umfasst, sind reine Textwerke in Österreich nicht strafbar.

Kinderpornografie und sexueller Missbrauch von Kindern

These: Kinderschänder verwenden Kinderpornografie, Kinderpornografie führt zum sexuellen Kindesmissbrauch als Nachahmungsverbrechen.

Dass die Kinderpornografie eine Vielzahl gemeinster Verbrechen hervorbringt, ist eigentlich selbstredend klar. Kinderpornografie lichtet nicht nur Kindesmissbrauch ab, sondern ist selbst Kindesmissbrauch,[338] denn die Bilder und Filme werden nicht schauspielerisch gestellt, sondern zeigen in der Regel echten Missbrauch oder Vergewaltigungen von Minderjährigen.[339] Das deutsche Strafgesetzbuch bestraft heute in § 186 auch den Besitz von Kinderpornografie als sexuellen Missbrauch von Kindern,[340] wobei es allerdings streng genommen nur Kinder schützt, die noch nicht 14 Jahre alt sind, was schon an sich haarsträubend genug ist.[341]

Doch Kinderpornografie geht nicht nur bei ihrer Produktion mit Verbrechen einher. „Der sexuelle Mißbrauch von Kindern ist nicht nur Voraussetzung für die Herstellung des pornografischen Materials, sexueller Mißbrauch ist häufig auch Folge des Konsums."[342] Von den 2000 und 2001 wegen Kinderpornografiebesitzes verhafteten Personen in den USA hatten 83% Bilder von Kindern bis zu 12 Jahren, 39% Bilder von Kindern bis zu 5 Jahren und immer noch 19% Bilder von Kleinkindern im Alter von 1-2 Jahren.[343] 87% der Kinderschänder in Kanada benutzen nach einer älteren Untersuchung Kinderpornografie.[344]

Nach von der amerikanischen Bundesregierung finanzierten Untersuchungen von Ann Burgess benutzen Kinderverführer Kinderpornografie oft, um Kinder zu überreden, mitzumachen, weil doch offensichtlich gar nichts dabei sei und es andere auch machten.[345] Ähnlich berichtet James Dobson, Mitglied der Kommission des amerikanischen Generalstaatsanwaltes zur Wirkung von Pornografie, dass Pädophile, die im Schnitt 366 Jungen und Mädchen in einem Leben missbrauchen, Pornografie verwenden, um die Hemmschwelle der kleinen Kinder herabzusetzen.[346]

Eine Studie des Innenministeriums von Neuseeland, die jährlich alle bekannten Fälle von Kinderpornografie statistisch aufarbeitet, sieht einen Zusammenhang zwischen dem Konsum von Kinderpornografie und sexuellem Missbrauch von Kindern.[347]

Das National Center for Missing and Exploited Children der USA legte 2005 eine vom US-Justizministerium finanzierte Studie verhafteter Kinderschänder vor. Bei 40% wurde entweder bei der Untersuchung des Kindesmissbrauchs auch der strafbare Besitz von Kinderpornografie aufgedeckt oder bei der Untersuchung eines solchen Besitzes wurde der Kindesmissbrauch erst entdeckt. 36% der Täter gaben nachweislich Kinderpornografie an die Kinder oder andere weiter.[348]

Janis Wolak, David Finkelhor und Kimberly Mitchell legen eine USA-weite Untersuchung aller 129 Fälle von sexuellem Missbrauch von Kindern zwischen Oktober 2001 und Juli 2002 vor, bei denen die Beziehung zwischen Täter und Opfer durch das Internet zustande kam.[349] Über eine ähnliche Untersuchung heißt es: „Männer, die Kinderpornografie konsumieren, haben mit großer Wahrscheinlichkeit auch Kinder sexuell missbraucht. Zu diesem Ergebnis kommen amerikanische Psychologen bei einer noch unveröffentlichten Studie, die für Aufregung in Fachkreisen sorgt. 85 Prozent der befragten Internet-Straftäter hatten sexuelle Übergriffe zugegeben – von unangebrachten Berührungen bis zu Vergewaltigungen. Während manche Experten Angst vor Pauschalverurteilungen haben, sehen andere ihre Erfahrungen in der Studie bestätigt. ‚Der Wahnsinn beginnt in der Fantasie der Männer', erklärt Psychologin Claudia Pfefferkorn gegenüber pressetext. ‚Diesen Zusammenhang gibt es. Jeder Sexualstraftäter, mit dem ich je zu tun hatte, hatte auch Pornografie konsumiert.' Die Psychologen Andres H. Hernandez und Michael L. Bourke untersuchten 155 Gefängnisinsassen, die in Zusammenhang mit Kinderpornografie verurteilt worden waren und sich freiwillig einer Therapie unterzogen. Im Zuge ihrer Behandlung hatten die Straftäter ihre sexuelle Vorgeschichte anonym dokumentiert. Während Übergriffe nur bei 26 Prozent der Männer bekannt waren, zeigten die Fragebögen, dass bereits 85 Prozent Kinder missbraucht hatten. Anstatt der 75 identifizierten hatte es insgesamt 1.777 Opfer gegeben.“[350]

Warum hat die Zahl der Fälle von sexuellem Missbrauch von Kindern zugenommen?[351] Die führende Expertin auf diesem Gebiet, Diana E. H. Russell, nennt als Gründe: 1. die Überschwemmung mit Kinderpornografie,[352] 2. die zunehmende Sexualisierung der Kinder, 3. die sexuelle Revolution überhaupt, 4. die Zunahme von Stieffamilien, da die Gefahr von Stiefvätern viel stärker ausgehe als von leiblichen Vätern.[353] Kindesmissbrauch und Kinderpornografie sind eben nur zwei Seiten einer Münze.

Meldestellen für Kinderpornografie bzw. für einen Verdacht der Kinderpornografie

E-Mail-Adressen der Meldestellen der Polizei in Deutschland nach Bundesländern:

http://www.selbsthilfe-missbrauch.de/hilfe/adressen/anzeigen.htm
oder: heise.de/ct/Netz_gegen_Kinderporno/meldestellen.shtml

Meldestellen Polizei Österreich: www.bmi.gv.at/meldestellen/ oder an meldestelle@interpol.at

Meldestelle Polizei Schweiz: www.cybercrime.admin.ch

Gute, private Meldestelle: www.heise.de/ct/Netz_gegen_Kinderporno/

Internationale Meldestellen:
http://www.wiesonur.de/porno.htm
Aus den USA:
www.reportchildporn.com
www.fbi.gov/hq/cid/cac/innocent.htm
www.missingkids.com/cybertip/
Beschwerdestelle für frei zugängliche deutsche Websites, die nach Jugendschutzrecht nicht für unter 18-Jährige zugänglich sein dürften:
http://www.jugendschutz.net

Die Pornoindustrie und das organisierte Verbrechen

These: Die Pornoindustrie ist eng mit dem organisierten Verbrechen verbunden.

Vermutlich gibt es keinen anderen mit dem (kleinen und großen) organisierten Verbrechen so vielfach verquickten Industriezweig weltweit, der so wenig der Kontrolle und der Kritik des Staates und der Medien unterliegt. Aus lauter Sorge, man könne religiösen Pornografiekritikern zuarbeiten[354] oder als ewiggestrig gelten, lässt die Gesellschaft verbrecherischen Kräften lieber freie Hand. Das hat eine lange Tradition. „*Deep Throat* war einer der ersten hard-core Sexfilme überhaupt. Er wurde 1975 in den USA für 25000 Dollar produziert und spielte weltweit 50 Millionen Dollar ein. Linda Lovelace, die weibliche Hauptdarstellerin in diesem Film, sagte später über ihre Rolle: ‚Ich war keine freiwillige Teilnehmerin. Ich war ein Opfer dieses Films. Immer wenn mich jemand in diesem Film sieht, sieht er, wie ich vergewaltigt werde.'"[355]

„*Deep Throat* wurde an nur sechs Tagen in Florida mit einem Budget von 22.500 US-Dollar gedreht. Die Produktionskosten wurden vom Produzenten Louis ‚Butchie‘ Peraino mit Geldern der amerikanischen Mafia-Familie Colombo bestritten. Auch die Einspielerlöse, deren Schätzungen von 100 Millionen (laut FBI) bis zu 600 Millionen US-Dollar reichen, flossen zum überwiegenden Teil zurück an die Mafia. Laut dem Filmkritiker Roger Ebert kam der hohe Betrag von 600 Millionen US-Dollar dadurch zu Stande, dass in den 70er-Jahren amerikanische Pornokinos mehrheitlich der Mafia gehörten, welche diese zur Geldwäsche nutzte.“[356]

Das alles ist kein Wunder und leider kein Einzelfall der 70er Jahre. Die Pornoindustrie wird zu großen Teilen von Verbrecherorganisationen kontrolliert,[357] was nicht nur an den großen Verdienstmöglichkeiten liegt, sondern auch daran, dass viele Darsteller nicht freiwillig für die Aufnahmen zur Verfügung stehen. „Pornografie ist weltweit eine Milliarden-Dollar-Industrie geworden, die zum größten Teil vom organisierten Verbrechen kontrolliert wird.“[358] Dies gilt natürlich sowieso für verbotene Arten der Pornografie, wie der Kinderpornografie,[359] aber nicht nur für diese. „In seinem Buch ‚Crime Inc.‘ bezeichnet der amerikanische Autor Martin Short die Pornographie als ‚den expansivsten Wirtschaftszweig der Mafia mit einem Jahresumsatz von sechs Milliarden Dollar‘. Kinderpornographie habe daran einen beträchtlichen Anteil. ‚Hübsche‘ Kinder werden aus Mexiko, Guatemala, El Salvador, Nepal, den Philippinen und anderen Entwicklungsländern eingekauft.“[360]

Der Untersuchungsausschuss des amerikanischen Generalstaatsanwalts ging bereits 1986 davon aus, dass

1975 80% der Pornoindustrie von der Mafia kontrolliert wurden, zehn Jahre später seien es zwischen 85% und 90% gewesen.[361] Grund dafür ist wie bei anderen Phänomenen (z. B. Drogen, Glücksspiel), dass die Mafia das Quasimonopol in der Zeit erlangte, als Pornografie noch verboten war. „Die Beweise zeigen, daß es eine Verbindung zwischen der pornographischen Industrie und dem organisierten Verbrechen gibt",[362] so der Abschlussbericht. In der Regel wandern 50% vom Gewinn an das organisierte Verbrechen weiter.[363] Konsequenzen hatte die Feststellung des Generalstaatsanwaltes in den USA ebenso wenig, wie das Problem in Deutschland jemanden wirklich interessiert. Denn deutsche Untersuchungen bestätigen das: „Der Pornomarkt ist ein Sumpf, auf dem organisierte Kriminalität gedeiht. Wir brauchen eine öffentliche Sensibilisierung für das darin liegende Gefahrenpotential."[364] Aber die Pornografiekonsumenten wollen natürlich gar nicht wissen, was hinter den Bildern steckt, und die Politiker wollen nicht den Eindruck erwecken, sie wären prüde, und lassen deswegen wie beim deutschen Prostitutionsgewerbe den mafiösen Strukturen lieber ihren Lauf.

Angesichts der Tatsache, dass Pornografie mit brutalen Handlungen und mit organisierter Kriminalität zusammenhängt, kann man sich über die Verharmlosung durch Politiker oder Richter und andere Entscheidungsträger nur wundern. Ein typischer Fall von Verharmlosung muss hier genügen: Die Richter des obersten Gerichts des Bundesstaates New York weigerten sich in einem Fall von Kinderpornografie, das Material anzusehen, da dies befangen machen würde, und entschieden, dass Pressefreiheit Kinderpornografie mit einschließe. (Apropos Pressefreiheit: Hat jemals jemand die Kinder um Erlaubnis gebeten oder ihnen Tantiemen gezahlt? Haben die Kinder ihr Copyright abgetreten?) Erst der Oberste Gerichtshof der USA verwarf diese Argumentation.[365] Ein anderer amerikanischer Richter weigerte sich ebenfalls, das Filmmaterial mit Kinderpornografie anzuschauen, das gegen einen Angeklagten sprach, da er dadurch gegen den Angeklagten voreingenommen würde.[366]

Die 87. Internationale Arbeitskonferenz der IAO nahm 1999 das „Übereinkommen über die schlimmsten Formen der Kinderarbeit 1999"[367] an, das am 19. November 2000 in Kraft trat. Diese Erklärung wendet sich besonders gegen Prostitution und Pornografie von Minderjährigen unter 18 Jahren.[368] Sie zählt nämlich in Artikel 3b zu den „schlimmsten Formen der Kinderarbeit": „die Heranziehung, die Vermittlung oder das Anbieten eines Kindes zur Prostitution, zur Herstellung von Pornographie oder zu pornographischen Darbietungen".[369] Es ist ein Hohn, dass die Kinder wegen der Verbreitung und Verharmlosung von Pornografie und Prostitution vor Missbrauch durch Pornografiehersteller am Ende durch das Verbot der Kinderarbeit geschützt werden müssen!

1987 wurden 15 Männer des UN-Kinderhilfswerkes angeklagt, darunter der Direktor des belgischen UNICEF-Komitees, mindestens 30 Mädchen und Jungen missbraucht und für Pornofilme benutzt zu haben, zum Teil mit Wissen der Eltern.[370] Großbritanniens National Criminal Intelligence Service warnt vor Missbrauch von Hilfsorganisationen durch Pädophile und Homosexuelle, die durch die Organisationen Kontakt zu Kindern suchen.[371] Seitdem reißen Berichte über ähnliche Fälle nicht ab.

Inzwischen ist auch erwiesen, was Insider schon lange wussten: dass die Film- und Modelszene Spielplatz von sexbesessenen Männern ist und man sich seinen Erfolg oft sexuell erkauft. Die BBC-TV-Journalistin Lisa Brinkworth arbeitete nämlich für die Fernsehproduktion MacIntyre Undercover ein Jahr lang als Undercover-Model in der weltweit größten Model-Agentur Elite und wies in Film und Ton nach, dass die 13- und 14-jährigen Wettbewerber sich den Bossen sexuell hingegeben haben bzw. haben hingeben müssen.[372] Es gab schon immer eine enge Verbindung von Modelwelt, Filmwelt und Pornografie. Das erste herausklappbare Playgirl in der Zeitschrift Playboy war immerhin nicht zufällig der Filmstar Marilyn Monroe.[373] „Viele Frauen kommen zur Pornoindustrie durch die Arbeit als Fotomodell oder die Teilnahme an ‚Miss-Wahlen' oder anderen ‚Schönheitswettbewerben'."[374]

III. Recht und Protest

Pornografie als freie Rede und Kunst: die Rechtslage

Fast überall in Europa ist die Verbreitung von Pornografie grundsätzlich zulässig.[375] Nur die sogenannte Gewaltpornografie und Kinderpornografie sind in vielen Ländern verboten, wobei die Definition von Gewaltpornografie sehr umstritten ist und Kinderpornografie nicht einfache Abbildung nackter Kinder – etwa in FKK-Katalogen – einschließt, sondern nur die Darstellung sexueller Handlungen mit Kindern meint.

Doch auch der Schutz vor Gewalt- und Kinderpornografie wird oft nur halbherzig betrieben. Der Oberste Gerichtshof der USA hat 1997-2002 wiederholt vom Parlament beschlossene Gesetze zum Schutz von Kindern und Jugendlichen vor Onlinegefahren ganz oder teilweise aufgehoben[376] und damit diesem Schutz schwer geschadet. Der Schutz der angeblichen Rede- und Marktrechte der Anbieter wiegt am Ende höher als der Schutz der Kinder. Die Moral hat sich wieder einmal dem Markt zu fügen, den Schaden darf die Allgemeinheit bezahlen.

In den USA wird für die Freigabe auch umstrittener Pornografie seit 150 Jahren meist der Weg der Berufung auf die Rede- und Pressefreiheit gewählt,[377] so merwürdig das klingen mag, wenn es um pornografische Bilder geht.[378] Das höchste Gericht Amerikas, das in gewissem Sinne gesetzgebende Funktion hat, begann ab 1957 allmählich das Pornografieverbot auszuhöhlen, ab den 60er Jahren ganz freizugeben, ab 1964 zusätzlich weil und wenn es sich um ‚Kunst‘ handelte.[379] In Deutschland wählte und wählt man meist den Weg über die Verteidigung der Freiheit der Kunst. Das hat eine lange Tradition, denn erstmals gab ein deutsches Gericht 1904 verbotene Pornografie dennoch frei, weil sie Kunst sei.[380] Auch Gewaltsexualität und Darstellungen von Minderjährigen sind geschützt, wenn es sich denn nur um Kunst handelt, wobei man ironisch anmerken möchte, dass meist nur die Richter beurteilen können, was künstlerisch ist und was nicht! Die Kunstfreiheit ist unserer Gesellschaft eben heiliger als der Schutz von Frauen und Kindern vor Gewalt.

Alice Schwarzer illustriert das an einem Beispiel, dem viele weitere hinzugefügt werden könnten: „In Frankreich musste die Projektion von ebenfalls unter dem Label ‚Kunst' präsentierten Folterpornos von Kaorus Vorbild Araki, der seine Karriere im Porno-Underground begonnen hatte, auf dem Fotofestival in Arles 1996 wegen anhaltender Proteste des Publikums abgebrochen werden. ‚Das sind ja KZ-Fotos', rief eine empörte Pariser Galeristin. Die Ausstellung ‚Tokyo Novelle' wanderte von da aus ins Kunstmuseum Wolfsburg. Unbeanstandet. Besonders in Deutschland funktioniert das gut: Es muss nicht Kunst sein, es muss nur Kunst draufstehen. Dann ist alles erlaubt. Die Pornografen wissen das seit Jahrzehnten zu nutzen."[381]

Denn es hat immer schon Kunst gegeben, die mit Frauenverachtung einherging. Denn nicht wenige Künstler waren und sind stark von Frauenverachtung bestimmt,[382] auch wenn ihnen genügend andere Künstler gerade darin widersprochen haben. Renate Berger verweist auf Künstler, von denen Vergewaltigungen bekannt sind, auf das Ausnutzen von abhängigen Frauen, z. B. von Modellen, die immer zur Verfügung stehen müssen, und auf die Teilhabe an der Prostitution, die zudem oft die Quelle der Inspiration für Bilder ist.[383] Sie verweist auch auf die Häufung von Fetischen, zerstückelten, gefolterten und denaturierten Frauen, Frauen als Tischträger und Bestandteilen von Möbelstücken usw.[384] Renate Berger fügt die berechtigte Warnung hinzu: „Geschichte und Gegenwart lehren, daß der Vernichtung von Menschen ihre Entwertung vorausgeht."[385]

Der Jurist Friedrich-Christian Schroeder kritisiert deswegen zu Recht, dass bei angeblicher Gesamtbetrachtung und Einbettung in ein Gesamtwerk pornografische Passagen – hier geht es vor allem um Texte, aber dieselbe Rechtslage findet sich bei Abbildungen – nicht als solche gewertet werden.[386] Allerdings gibt es gelegentlich auch Gerichtsurteile höchster deutscher Gerichte, dass Kunst auch verbotene Pornografie sein kann.[387]

Ulrich Vultejus übt in diesem Zusammenhang zu Recht auch scharfe Kritik an den Vereinen *Freiwillige Selbstkontrolle der Filmwirtschaft e. V.* und *Freiwillige Selbstkontrolle Fernsehen*, die in einem rechtsfreien Raum wirken, da es sich um rein private Einrichtungen handelt und man nicht gegen ihre Entscheidungen klagen kann.[388]

Übrigens: Wenn Hans-Jörg Albrecht und Imke Hotter davon ausgehen, dass das Verbot bestimmter Pornografie im § 184 des deutschen Strafgesetzbuches StGB zwar primär den Zweck des Jugendschutzes hat, dann aber auch „Schutz Erwachsener vor der ungewollten Konfrontation mit Pornografie"[389] sei und sagen: „... geschütztes Rechtsgut ist deshalb des Weiteren auch das Recht auf sexuelle Selbstbestimmung von Erwachsenen",[390] stellt sich die Frage: Hat nicht tatsächlich der normale Bundesbürger, der nicht mit Pornografie konfrontiert werden möchte, ein

Recht darauf, nicht dazu gezwungen zu werden, Pornografie in normalen Fernsehprogrammen unerwartet anzuschauen, im Internet ungewollt zu finden, sie ungewollt zugesandt zu bekommen oder öffentlich an Plakatwänden ausgehängt vorzufinden?

Tabakindustrie und Pornoindustrie

„Pornographie ist eine Industrie, die ein sehr profitables Produkt herstellt und vermarktet."[391] Warum soll ausgerechnet diese Industrie als einzige keine Beschränkung auferlegt bekommen? Wir haben hier einen globalisierten Kapitalismus der übelsten Sorte ohne Moral vor uns. Aber selbst Globalisierungsgegner haben das nicht im Visier, vielleicht um ja nicht als prüde zu gelten.

Doch wenn man der Tabakindustrie weltweit Beschränkungen auferlegen und den Schutz der Mitmenschen gegen ein Milliardenimperium durchsetzen kann, warum dann nicht auch der Pornoindustrie? Noch ist sie vor allem deshalb so lukrativ, weil es ein Markt fast ohne staatliche bzw. gesetzliche Beschränkungen ist und niemand, der an ihr verdient, für die Folgen aufkommen muss.

Die Wahrscheinlichkeit, durch Rauchen zu erkranken, ist lediglich statistisch erwiesen, und die statistischen Abweichungen sind beim Rauchen oft weniger deutlich als bei bestimmten negativen Folgen der Pornografie. Beim Rauchen hat sich die Vernunft durch gesellschaftlichen Konsens in Politik und Gesetz in vielen Ländern der Welt durchgesetzt, auch wenn die Regelungen im Einzelnen unterschiedlich ausfallen. Man kann also die Allgemeinheit auch gegen milliardenschwere Unternehmen schützen, vor allem den Teil, der einer Gefährdung nicht ungewollt ausgesetzt werden möchte. Warum sollte das bei Pornografie (und Gewalt) in den Medien nicht ebenso gelingen? **Wie man gegen Passivrauchen vorgehen kann, kann man es auch gegen Passivpornografiekonsum.**

Daniel Weiss sagte 2005 treffend vor dem amerikanischen Parlament: „Niemand befürwortet ernsthaft die Legalisierung von Kokain und Heroin, aber irgendwie hat die Pornografieindustrie einen großen Teil der Bevölkerung überzeugt, daß das Anschauen von Pornografie nicht nur ein harmloser Spaß, sondern ein grundlegendes Menschenrecht sei."[392] Doch ich befürchte: Einmal angenommen, man könnte den Zusammenhang zwischen bestimmten Formen des Pornografiekonsums und Vergewaltigung noch viel besser und stringenter belegen, als es in oben vorgestellten Untersuchungen sowieso schon der Fall ist, würde das vermutlich derzeit auch nichts ändern.

Der Präsident der Deutschen Gesellschaft für sozialwissenschaftliche Sexualforschung, Jacob Pastötter, schreibt: „Weshalb sollte man vor Porno trotzdem nicht kapitulieren? Aus demselben Grund, weshalb wir als Gesellschaft auch Alkohol und Tabak reglementieren: Es handelt sich dabei um psychoaktive Substanzen, die bei früher Gewöhnung das Gehirn neurophysiologisch verändern. Das tut Porno auch."[393]

Offensichtlich beginnt sich der Widerstand gegen die ständig zunehmende Pornografisierung und die Allmacht der Pornoindustrie zu regen. Ein Gericht in den USA verurteilte im Oktober 2007 zwei Männer zu fünf Jahren Haft, die Millionen pornografischer Spam-Mails an mehr als 600.000 Empfänger verschickt hatten und damit in vier Jahren 2 Mio. $ verdienten, von denen sie 1,3 Mio. $ abgeben müssen.[394] Ebenfalls im Oktober 2007 verschärfte der Bundesgerichtshof die Regeln für den Jugendschutz im Internet gemäß des seit vier Jahren geltenden deutschen Jugendmedienschutz-Staatsvertrags. Danach sind Pornowebsites nur zulässig, wenn sie nur für Erwachsene zugänglich sind.[395] Der Bundesgerichtshof legte nun fest, dass die Altersverifizierung tatsächlich voll wirksam sein und wenigstens am Anfang einmal durch Kontakt mit der realen Person und einem Personalausweis oder Pass geschehen muss. Wenige Tage später entschied das Landgericht Frankfurt per einstweiliger Verfügung – ironischerweise auf Antrag von deutschen Pornoanbietern – dass der Telefonanbieter Arcor den Zugang zum US-Porno-Portal Youporn sperren muss, da es über keine in Deutschland vorgeschriebene Altersverifizierung verfügt.[396] Daraufhin hat etwa der deutsche Zweig von Google Youporn aus seiner Linkliste gestrichen.

Mit welch harten Bandagen die Pornoindustrie kämpft und welche Verachtung sie für den demokratischen Staat an den Tag legt, zeigt auch, dass die Firmen, die Playboy und Penthouse herausgeben, alle Mitglieder des Untersuchungsausschusses des Generalstaatsanwaltes der USA, der im Auftrag des Präsidenten die Folgen der Pornografie untersuchen sollte, wegen des Berichtes persönlich auf 30 Millionen Dollar Schadensersatz verklagten.[397]

Die Pornoindustrie kämpft mit solch harten Bandagen für immer größere Freiheiten. In den USA wurden mit dem Child Pornography Prevention Act 1996 die rechtlichen Maßnahmen zur Verfolgung von Kinderpornografie so weit verschärft, dass jede pornografische Darstellung, die als sexuelle Handlungen von unter 18-Jährigen interpretiert werden könnte, so auch mit 30-jährigen Darstellern mit Zöpfen, bereits rechtlich als Kinderpornografie eingestuft werden muss. Dieses Gesetz wurde auf Betreibung der Pornoindustrie vom Obersten Gerichtshof der USA für verfassungswidrig erklärt. Gegen das ähnliche, weniger scharfe Gesetz PROTECT Act von 2003, das eigentlich den Vorgaben des Obersten Gerichtes genügt, wurde ebenfalls von der Pornoindustrie geklagt,[398] der Ausgang ist offen. Auch in der Europäischen Union werden ähnliche Gesetzesvorhaben diskutiert, und hier müssen sich Eltern, Pädagogen, Kirchen und besorgte Bürger mehr zu Wort melden.

Wie kann man protestieren?

Und wieder einmal belegt eine Allensbach-Umfrage, was keiner laut sagt, aber jeder aus privaten Gesprächen weiß: „Eine große Mehrheit der Bevölkerung lehnt in Deutschland ebenso wie in den USA und in Australien Rassismus und Pornografie im Internet ab. Diese Inhalte sollten vor allem auch wegen der Kinder vom Computer ferngehalten werden, sofern dies technisch möglich ist."[399] Diese schweigende Mehrheit sollte sich melden, sooft es geht!

In den USA ist es durch massive Proteste von Eltern und Käufern gelungen, dass trotz der gewaltigen Pornoindustrie dort der Normalbürger weitgehend pornografiefrei leben kann, wenn er will (mit Ausnahme des Internet). Außenwerbung, Supermärkte, normale Fernsehprogramme, normale Zeitschriften sind frei von Nacktdarstellungen und man muss nicht sehen, was man nicht sehen will. Das sollte auch in Deutschland Schule machen.

Täglich werden Tausende von Bürgern gezwungen, Dinge zu sehen, die sie nicht sehen wollen. Diese Bürger sollten sich endlich wehren! Dazu müssen sie nicht Experten sein, die jede Aussage mit vielen Fußnoten belegen, denn seit wann ist das Voraussetzung in einer Demokratie, in der jeder seine Meinung sagen darf? Und seit wann darf man sich nicht mehr auf den gesunden Menschenverstand berufen?

Richard E. McLawhorn hat zu Recht darauf hingewiesen, dass man schließlich auch lautstark gegen Dinge protestieren darf, die das Gesetz derzeit nicht verbietet![400] Unsere Welt ist voll von Protesten gegen Erlaubtes. Warum sollten sich dann gerade Pornografiegegner vornehm zurückhalten? Jeder Bürger hat das Recht, seine Meinung zum Ausdruck zu bringen, auch die gegen Pornografie! Es gibt viele, die Pornografiegegner gerne davon abhalten möchten, überhaupt noch ihre Meinung kundzutun, und die sie einfach lächerlich machen möchten. Das ist aber weder demokratisch, noch hat es etwas mit einer sachlichen Auseinandersetzung über die vielen vorliegenden Untersuchungen zu tun.

Pornografie ist ein Angriff auf die Würde des Menschen und ebenso Wegbereiter und Verharmloser von Verbrechen bis hin etwa zum Rassenwahn.[401] Die Öffentlichkeit glaubt, dass rassistische Aufrufe zu rassistischen Handlungen führen, und wir verbieten sie deswegen. Warum soll das aber bei Pornografie anders sein? Naziliteratur führt zu Nazihandlungen, rassistische Parolen zu Rassenmorden, Vergewaltigungsdarstellungen zu Vergewaltigungen, ja die Ideologie der Pornografie ist sexueller Faschismus. Warum darf man das aber nicht laut sagen?[402] Ich gebe Alice Schwarzer recht: „Dass es einen Zusammenhang zwischen Fantasie und Tat gibt, ist beim Sexismus so selbstverständlich wie beim Rassismus oder Antisemitismus. Für die beiden letzteren Gruppen wird das auch schon lange nicht mehr geleugnet, Hasspropaganda gegen ‚fremde Rassen' oder Juden wird gesetzlich geahndet. Nur beim Sexismus scheint das dem Gesetzgeber bisher nicht der Rede wert, dabei legt gerade der das Fundament des gesamten hierarchischen Denkens."[403]

Es gilt zu beherzigen, was der Jurist Gerhard Merkl so formuliert: „Wir werden die Mißstände allein mit rechtlichen Mitteln nicht beseitigen können, so wichtig sie sind. Notwendig ist auch – oder besser gesagt vor allem – eine Veränderung des gesellschaftlichen Bewußtseins. Dabei geht es nicht darum, zu Moralvorstellungen der Jahrhundertwende zurückzukehren oder Menschen wegen ihrer sexuellen Orientierung strafrechtlich zu verfolgen. Es geht vielmehr um ein neues Bewußtsein für die Würde des Menschen. Pornographie, so wie sie uns heute überall entgegentritt, ist ein massiver Anschlag auf die Menschenwürde, auf die Würde insbesondere von Frauen und Kindern."[404]

Ein Erlebnis zu guter Letzt: Ich war gerade damit beschäftigt, eine übergroße pornografische Werbung neben unserem Haus mit schwarzem Lack zu übersprühen – ziviler Ungehorsam à la Martin Luther King und Mahatma Gandhi – den Schadensersatz für das Plakat hätte ich gerne bezahlt. Von Weitem hörte ich schon, wie eine Gruppe von männlichen Altersgenossen spottete, anzügliche Bemerkungen machte, ja erbost war. Doch gerade, als sie bei mir angekommen waren, meldete sich die einzige Frau unter ihnen zu Wort. Sie fand meine Aktion großartig, wünschte sich mehr solcher Männer mit Mut und bedankte sich für diesen Beitrag zum Schutz der Rechte der Frauen. Von ihrer eben noch so lauten männlichen Begleitung war nichts mehr zu hören ...

Praktische Tipps für den Protest

Pornografie ist öffentlich und muss öffentlich infrage gestellt werden, friedlich, freundlich, aber deutlich und bestimmt. Hier einige Tipps, die wenig Mühe bereiten, aber die Thematik ins Gespräch bringen und, von vielen befolgt, eine große Wirkung haben können.

- Schreiben Sie Ihren Abgeordneten in Stadt, Land und Bund und senden Sie ihnen sachliche Informationen zur Pornografie.
- Protestieren Sie immer, wenn Sie einkaufen und dabei pornografische Abbildungen sehen müssen. Wenn Sie Kinder dabei haben, verweisen Sie darauf, dass es immer noch Gesetz ist, dass auch weiche Pornografie für sie nicht sichtbar sein darf.
- Protestieren Sie in Läden beim Geschäftsführer oder der Geschäftsführerin, wenn dort Plakate/Werbung mit Nacktdarstellungen hängen oder die Zeitschriften mit Nacktdarstellungen zu offen präsentiert werden.
- Drehen Sie Zeitschriften mit Nacktdarstellungen, die an Kassen ausliegen, kurzerhand um. Sagen Sie den Kassierenden, falls diese protestieren, dass Sie keine Nacktdarstellungen aufgezwungen bekommen wollen und dass sie die Zeitschrift ja wieder herumdrehen könnten, sobald Sie aus dem Geschäft draußen seien.
- Wenn Sie Abonnent einer Zeitung oder Zeitschrift sind, sollten Sie grundsätzlich gegen Nacktdarstellungen protestieren, sei es durch einen Leserbrief oder einen Brief an die Redaktion und die Werbeabteilung. Nur so registriert man, dass es Leser gibt, die solche Darstellungen verabscheuen, und dass die Zeitschrift

durch Nacktdarstellungen Leser verlieren kann.

- Lassen Sie sich bei Leserbriefen nicht von den Redaktionen abwimmeln, dafür seien die Werbeabteilungen zuständig. Schreiben Sie deutlich an beide Abteilungen, dass Sie eine Zeitung bezahlen und Sie weder im redaktionellen Teil noch im Werbeteil Schund sehen wollen.
- Teilen Sie bei Verwendung von Nacktdarstellungen in der Werbung den Medien und den werbenden Firmen mit, dass diese Art der Werbung bei Ihnen das Gegenteil bewirkt.
- Wehren Sie sich mit allen Mitteln gegen Nacktdarstellungen am Arbeitsplatz.[405] Bemühen Sie als Frau dazu Frauenbeauftragte, Geschäftsleitung, Gewerkschaft und andere, um Ihr Recht als Frau einzuklagen.
- Überkleben, übermalen oder zerreißen Sie Werbeplakate mit Nacktdarstellungen in Ihrem Wohnbereich oder dort, wo Ihre Kinder vorbeigehen. Die meisten davon sind sowieso wild plakatiert, sodass sie niemand belangen kann. Erstatten Sie bei wildem Plakatieren Anzeige gegen den angegebenen Veranstalter oder die werbende Firma. Protestieren Sie gegen Nacktwerbung auch beim Besitzer der Werbeflächen (Hausinhaber, die Stadt usw.).

Es ist Ihr gutes Recht, in diesem Land Ihren Protest zu artikulieren. In unserem Land kann jeder gegen alles protestieren. Warum sollen ausgerechnet Pornografiegegner plötzlich ausführliche Begründungen abliefern, sich wegen Bevormundung anderer rechtfertigen oder sich der Mehrheit fügen? Seien Sie doch einfach dagegen: Ich will das eben nicht sehen und viele andere auch nicht.

IV. Kirche und Pornografie

Christen zur Pornografie

Die katholische Kirche hält Pornografie nach wie vor für Sünde.[406] So heißt es im Weltkatechismus: „Pornographie besteht darin, tatsächliche oder vorgetäuschte geschlechtliche Akte vorsätzlich aus der Intimität der Partner herauszunehmen, um sie Dritten vorzuzeigen. Sie verletzt die Keuschheit, weil sie den ehelichen Akt, die intime Hingabe eines Gatten an den anderen, entstellt. Sie verletzt die Würde aller Beteiligten (Schauspieler, Händler, Publikum) schwer; diese werden nämlich zum Gegenstand eines primitiven Vergnügens und zur Quelle eines unerlaubten Profits. Pornographie versetzt alle Beteiligten in eine Scheinwelt. Sie ist eine schwere Verfehlung. Die Staatsgewalt hat die Herstellung und Verbreitung pornographischer Materialien zu verhindern."[407] Die orthodoxen und altorientalischen Kirchen teilen fast ausnahmslos diese Einstellung.

Im protestantischen Bereich gilt dies ziemlich flächendeckend für die Evangelikalen, auch wenn die Zahl der Pornografiegegener im restlichen Protestantismus wieder im Steigen begriffen ist und außerhalb der westlichen Welt sowieso immer die Mehrheit ausmachte.[408] John H. Court hat bereits 1980 in einer von der Weltweiten Evangelischen Allianz herausgegebenen, weit verbreiteten Schrift über Pornografie viele Argumente gegen Pornografie zusammengetragen.[409]

Biblische Argumente gegen die Pornografie können zum einen aus den Texten über die Nacktheit gewonnen werden[410] sowie aus dem Verbot des begehrlichen, ehebrecherischen Blicks: „Wer eine Frau ansieht, um sie zu begehren, hat schon in seinem Herzen Ehebruch mit ihr begangen“ (Matthäus 5,28). Dieses Gebot Jesu fußt auf dem zehnten Gebot: „Du sollst nicht begehren die Frau deines Nächsten …“ (2. Mose 20,17). In Hiob 31,1 heißt es ähnlich: „Ich habe einen Bund mit meinen Augen geschlossen. Wie hätte ich da eine Jungfrau lüstern anschauen sollen?“ Nach 4. Mose 15,39 sollte sich Israel immer an das Gesetz erinnern: „Ihr sollt nicht eurem Herzen und euren Augen nachfolgen, deren Begierden ihr nachhurt.“ Und Sprüche 6,25 warnt vor der Ehebrecherin: „Begehre ihre Schönheit nicht in deinem Herzen, lass sie dich nicht mit ihren Wimpern einfangen!“ oder wörtlicher übersetzt: „nicht suche an dich zu bringen ihre Schönheit in deinem Herzen.“[411] Sexuelles Begehren einer anderen als der eigenen Frau gilt damit als Diebstahl. Das zehnte Gebot hat daher auch diese ursprüngliche Bedeutung: Das Begehren der Frau ist ein Diebstahl am Nächsten[412] und an ihrer Ehre. Eine Frau zu Unrecht zu begehren, wozu heute durch die öffentliche Pornografie fast jeder gezwungen wird, ist eine schlimme Form von Raub und Diebstahl.

Das schamlose Leben in Nacktheit ist in der Bibel Kennzeichen tierischen Verhaltens, ja dämonischer Beeinflussung. So war das Erste, was der besessene Gerasener tat, nachdem ihn Jesus von den Dämonen befreit hatte, sich anzuziehen, während er vorher wie ein Tier gelebt hatte und deswegen nackt herumlief (Markus 5,15; Lukas 8,35). Rousas J. Rushdoony erkennt zudem in der harten Pornografie die Aufforderung zur Vergewaltigung, in der Bibel eines der schlimmsten Verbrechen.[413] Zu Beginn des praktischen Teils des Römerbriefes (Römer 12-16) schreibt Paulus grundlegend: „Ich ermahne euch daher, Geschwister, durch die Barmherzigkeit Gottes, eure Leiber darzustellen als ein lebendiges, heiliges, Gott wohlgefälliges Opfer, was euer vernünftiger Gottesdienst ist. Und stellt euch nicht dieser Welt gleich [oder: Passt euch nicht der Gestalt dieser Welt an], sondern werdet umgestaltet durch die Erneuerung eures Denkens, damit ihr prüfen könnt, was der Wille Gottes ist: das Gute, das Wohlgefällige und das Vollkommene" (Römer 12,1-2). Man könnte den Vers frei mit „Passt euch nicht dem Zeitgeist an" wiedergeben. Paulus stellt hier die „Welt" und den „Willen Gottes" einander gegenüber, wie es etwa auch in 1. Johannes 2,17 dargelegt wird: „Die Welt vergeht mit ihrer Lust, wer aber den Willen Gottes tut, der bleibt in Ewigkeit." Daraus wird ersichtlich, dass er hier mit „Welt" nicht die Schöpfung oder alle Menschen meint, sondern „Welt" ein ethischer, ein moralischer Begriff ist. Zudem befindet sich die Welt nicht irgendwo außerhalb des christlichen Bereiches, sodass sich Christen geografisch daraus zurückziehen könnten. Vielmehr findet man die Welt im Denken und damit auch im Denken der Christen wieder, und nur dort kann eine Erneuerung stattfinden, wenn Gottes Liebe allmählich die falschen Normen ersetzen soll.

Der Materialismus und das Wohlstandsdenken unserer Welt prägt auch Christen in ihrem Denken zutiefst und kann nur überwunden werden, wenn sie, statt sich anzupassen und mitzulaufen, im Sinne des Paulus ihr Denken überprüfen und bewusst verändern – und das als fortlaufenden Prozess. Ähnlich ist die Pornografisierung Teil unseres Denkens, und nur durch Prüfen und bewusstes Ändern können wir die falschen Maßstäbe, wenn etwa andere Menschen wegen ihres Aussehens verurteilt werden, durch Maßstäbe echter Liebe und Würde ersetzen.

Gerade weil ich von christlichen Denkvoraussetzungen ausgehe und weiß, dass Untersuchungen belegen, dass starke Religiosität, glückliche Familie und das Fehlen abweichender Sexualpraktiken die stärksten Indikatoren für geringe Verstrickung in Pornografie sind,[414] ist es mir aber auch wichtig zu betonen, dass Pornografiekonsum und Pornografiesucht überwunden werden können.

1. **Gott vergibt.** Gott hat Mördern wie Mose, David und Paulus vergeben und sie für besondere Aufgaben eingesetzt, warum dann nicht auch Menschen, die in Pornografie verstrickt sind?
2. **Gott rettet.** Gott ist bereit, uns aus jedem Sumpf zu retten, denn das ist sein Wesen und darin kommt seine Allmacht zum Ausdruck. Nur rettet er uns nicht durch Verharmlosen oder Vertuschen, sondern indem Böses deutlich beim Namen genannt, vergeben und überwunden wird.
3. **Gott heilt.** Gott ist unser „Arzt“ (2. Mose 15,26). Er kann uns helfen, unsere Sucht zu überwinden, die Kraft seines Heiligen Geistes für einen Neuanfang schenken und, da dies oft ein längerer Prozess ist, Geduld und Durchhaltevermögen geben.

Pastoren in Gefahr – Kirchen sollten Hotlines einrichten

Im März 2005 veröffentlichte die führende evangelikale Zeitschrift der USA, *Christianity Today*, die Studie „Christians and Sex” in ihrem *Leadership Journal*.[415] 680 Pastoren und 1.972 christliche Laien wurden befragt. 57% der Pastoren gaben an, dass Internetpornografiesucht das größte Problem ihrer Gemeinde im Hinblick auf Sexualität ist. 34% nannten sexuelle Aktivitäten nie verheirateter Erwachsener, 30% Ehebruch, 28% sexuell aktive Teenager, 16% mit ihrer Sexualität Unzufriedene, 14% ungewollte Schwangerschaften. Damit wird nicht nur deutlich, dass alle Probleme (und Sünden) im Umfeld der Sexualität auch evangelikale Gemeinden betreffen, sondern vor allem, dass Internetpornografiekonsum in evangelikalen Gemeinden zum herausragenden Problem wird.

Doch Pastoren stellen dies, wenn auch nicht mit wissenschaftlich repräsentativen Zahlen, nicht nur für ihre Gemeinden fest, sondern sind auch selbst betroffen. Nur selten wird dies öffentlich ausgesprochen, wie dies etwa George Verwer, der Gründer des Missionswerks Operation Mobilisation (OM) erfreulicherweise immer wieder getan hat,[416] aber anonym befragt ergeben sich erschreckende, wenn auch nicht repräsentativ erhobene Zahlen.

Im März 2002 befragte die Website von Rick Warren (Pastors.com) 1351 Pastoren. 54% der Pastoren hatten im Verlauf des letzten Jahres Internetpornografie gesehen, davon 30% innerhalb der letzten 30 Tage. Patrick A. Means veranstaltete eine anonyme Umfrage unter evangelikalen Pastoren und Gemeindeleitern. 64% kämpfen mit Internetpornografie, zwanghafter Masturbation oder einer anderen Art der Sexsucht.[417] Die Ergebnisse von Sue King, die die Situation von Ehefrauen von Pastoren untersuchte, die internetpornografiesüchtig oder anderweitig von Pornografie abhängig sind,[418] bestätigen solche Zahlen.

Es ist deswegen allen Kirchen und christlichen Werken zu raten, Vorkehrungen zu treffen, dass Pastoren, Theologen/-innen und vollzeitliche Mitarbeiter wissen, wohin sie sich wenden können, wenn die Probleme beginnen. Je früher sie sich jemandem anvertrauen, desto größer ist die Heilungschance. Selten können sie sich jemandem in der Gemeinde anvertrauen.

Mein Vorschlag wäre: Jeder erhält von seiner Kirche eine Telefonhotline sowie eine Namensliste von Vertrauenspersonen, an die er sich ebenso vertraulich wenden kann, wie dies für deren Partner gelten sollte. Diese Personen können entweder aus anderen Kirchen stammen oder pensionierte Hauptamtliche sein, in beiden Fällen also Seelsorger, die keine kirchenleitende Funktion gegenüber den Betroffenen haben und keine Disziplinarmaßnahmen einleiten können. Die Kirche sollte solchen Vertrauenspersonen eine gründliche Vorbereitung und Schulung zuteilwerden lassen.[419]

V. 47 vernünftige Gründe gegen die Pornografie

Verachtung von Frauen

1. Pornografie entwürdigt die Frau und macht sie zu einem käuflichen Objekt. Sie prägt die Einstellung der Männer gegenüber Frauen und bringt Frauen um das elementare Recht, Mensch sein zu dürfen. Frauen sind laut Pornografie nackte Wesen und vor allem zur Befriedigung anderer geschaffen.
2. Pornografie zwingt Frauen, sich einem Ideal anzupassen, um den Männern zu gefallen, und engt damit ihre Freiheit ein, sich so zu geben, wie es ihnen selbst zusagt und entspricht.
3. Pornografie verkündigt aller Emanzipation der Frau zum Trotz: Männer sind immer die Bestimmenden.
4. Pornografie schafft eine doppelte Moral. Die meisten Männer wären nämlich sicher nicht bereit, denselben Maßstab der Makellosigkeit für sich selbst gelten zu lassen, den die Pornografie an die Frauen anlegt.
5. Pornografie täuscht eine Schönheit vor, die kaum eine Frau wirklich besitzt. Die retuschierten Bilder vermitteln das Bild einer makellosen Frau, die es in Wirklichkeit nicht gibt. Dieser „Standard" führt dazu, dass viele Männer ihre eigene („echte") Frau nicht mehr schön finden und viele Frauen ihren eigenen Körper nicht mehr annehmen können.
6. Pornografie zerstört also die Selbstachtung und das Selbstbewusstsein von Frauen.

7. Pornografie zerstört auch die Selbstachtung und das Selbstbewusstsein von Männern, die weder mit dem Aussehen noch mit dem Stehvermögen der Männer in den pornografischen Darstellungen mithalten können.
8. Pornografie macht von Idealen abhängig, denen keiner genügen kann. Pornografie macht dadurch oft zur normalen Sexualität in der Realität unfähig und hat auch sonst klinisch und wissenschaftlich nachgewiesenermaßen für viele Menschen negative oder gar verheerende psychologische Konsequenzen.
9. Pornografie erhebt den jugendlichen Körper zum Maßstab und führt deswegen zu einer maßlosen Verachtung älterer und behinderter Menschen.
10. Pornografie fördert den Wunsch nach ständig wechselnden Partnern, die man sich wie im Kaufhaus nach vorgegebenen Kriterien auswählt, und da fallen eben alle durch das Raster, die nicht „vorzeigbar" sind.
11. Pornografie stattet männliche Modelle häufig mit besonders eindrucksvollen Genitalien und hervorragender Potenz aus, oft werden Genitalien optisch vergrößert. Damit werden verbreitete männliche Minderwertigkeitsgefühle geschürt, auch bei männlichen Jugendlichen, die zudem völlig irrig meinen, diese Frage habe etwas mit der Qualität der Sexualität oder der Beziehung zum Partner zu tun.
12. Pornografie verachtet Ältere und Behinderte, „Fülligere" und Entstellte, ja wen eigentlich nicht? Denn wir gewöhnen uns daran, jeden Menschen erotisch zu taxieren und daran zu messen, inwiefern er den Schönheitsidealen bzw. dem Schönheitswahn entspricht.

13. Pornografie macht den Körper des Menschen zum höchsten Maßstab und zerstört damit alle inneren Werte einer Beziehung. Was der Mensch wert ist, wird an seinem Aussehen gemessen.
14. Pornografie misst den Wert eines Menschen daher an etwas, wofür der einzelne Mensch nichts oder kaum etwas kann. Denn wer kann sich schon sein eigenes Aussehen oder sein Alter aussuchen?
15. Pornografie entpersonalisiert die Sexualität. Das Gegenüber ist nicht mehr eine geliebte Person, sondern die anonyme, tote und käufliche Massenschönheit.

Zerstörung von Partnerschaft und Familie

16. Pornografie belastet Kinder mit Problemen, die sie weder bewusst noch unbewusst verarbeiten können. Sie werden auf ein Ideal hin geprägt, das sie später zur Begegnung mit der „rauen" Wirklichkeit unfähig macht.
17. Pornografie zerstört die Partnerschaft zwischen Mann und Frau, weil die Idealfrauen (oder Idealmänner), beziehungsweise die Erinnerung an die zuletzt gesehenen Körper, als heimlicher Maßstab die Dritten im Bunde sind.
18. Viele Paare sind inzwischen zur Sexualität ohne Pornografie unfähig. Manch eine Frau „gestattet" ihrem Mann die Pornografie nur, weil er dadurch das Verhältnis zu ihr aufrechterhält und nicht fremdgeht.
19. Pornografie vermittelt, Frauen müssten immer zu allem bereit sein. Da Frauen noch viel stärker als Männer darauf aus sind, sexuelle Handlungen in ein Umfeld des Vertrauens, der Harmonie und Versöhnung einzubetten, und außerdem durch ihren Zy-

klus stärkeren Stimmungsschwankungen unterworfen sind als Männer, sind sie nicht jederzeit bereit und werden vermehrt überfahren.

20. Pornografie macht Frauen oder Sexualpartner überhaupt zu reinen Erfüllungsgehilfen der eigenen Lust, die kein eigenes Mitspracherecht haben. Da waren wir gerade froh, dass die Emanzipationsbewegung dazu geführt hat, dass Frauen nicht mehr als Erfüllungsgehilfinnen der männlichen Sexualität gesehen wurden, sondern ein eigenes Recht auf sexuelle Erfüllung haben, und da zerstört die Pornografie genau das schon wieder.
21. Die Botschaft der Pornografie steht mit ihrer angeblichen Erfüllung völlig freier und wechselnder Wünsche jeder längerfristigen Verpflichtung zur Ehe oder zur Kindererziehung entgegen.
22. Da Pornografie den Gedanken vermittelt, dass Treue äußerst langweilig sei und nur ständige Abwechslung befriedigt, hat sie verheerende Konsequenzen für alle anderen Lebensbereiche, in denen Treue gefragt ist.
23. Pornografie schafft eine fantastische Welt und macht dadurch unfähig zum Umgang mit der rauen Wirklichkeit. Anstatt sein Leben in eine andere Person zu investieren und für die Sexualität Pflichten in Kauf zu nehmen, die eine glückliche Partnerbeziehung mit sich bringen, braucht der Mensch nur in das Schlaraffenland zu greifen. Doch die Enttäuschung über diese „hohlen Werte“ ist am Ende dafür umso stärker.
24. In pornografischen Filmen wird eine Euphorie vorgegaukelt, die in der Realität selten zu errei-

chen ist, was selbst eine gute sexuelle Beziehung als unbefriedigend erscheinen lässt. Pornografie vermittelt, dass Sexualität in jeder Lage ein extrem euphorisches Erlebnis ist. Da sie das aber in der Realität nicht ist, führt Pornografie entweder zu ständigen Schuldzuweisungen an andere oder zur maßlosen Enttäuschung.

25. Pornografie vermittelt den Gedanken, dass jede sexuelle beliebige Handlung zwischen Menschen möglich (und berechtigt) ist, die sich gerade zum ersten Mal getroffen haben. Sex ist angeblich überall möglich und gut, zu jeder Zeit, mit jedermann und auf jede beliebige Art und Weise. In der Realität sind derartige Beziehungen aber unbefriedigend, beziehungsschädlich und haben unterschiedlichste negative Konsequenzen.

Die Diktatur der Pornografie: Sie erzwingt eine nicht existierende Fantasiewelt

26. Die Ablehnungsrate von Gruppensex, Sadomasochismus, Gewaltsex, sexuellem Kindesmissbrauch, Sodomie (sexueller Verkehr mit Tieren) und anderen gesetzlich verbotenen, gefährlichen oder ethisch verwerflichen Praktiken usw. sinkt umso stärker, je intensiver „normale" Pornografie konsumiert wird.
27. Pornografie zwingt durch ihre Allgegenwart auch die zum Mitmachen, die Pornografie ablehnen. Sie nimmt dadurch den Menschen die Freiheit zur Entscheidung für oder gegen die Pornografie und für oder gegen die Einstellungen und Werte, die sie vermittelt.
28. Pornografie verachtet oft in ihren Darstellungen und vermittelten Einstellungen andere Kulturen und Le-

bensstile und erhebt die Pornokultur zum absoluten Maßstab. Keiner kann sich ihr entziehen. Menschen aus aller Welt und aus nichtwestlichen Kulturen werden durch sie zu einer Einheitskultur gezwungen oder verachtet.

29. Pornografie ist die totale Vermarktung der privatesten Sache der Welt. Sex wird zu einem Zuschauersport, der möglichst öffentlich stattfinden sollte. Sie macht die Sexualität käuflich und dennoch wertlos.

30. Denen, die an der Pornografie Millionen verdienen, ist jedes Mittel recht, um noch mehr daran zu verdienen. Für sie ist jede gestörte Partnerbeziehung ein zusätzliches Geschäft. Sie kämpfen mit harten Bandagen gegen jede Beschränkung, etwa Filtersoftware oder Altersverifizierung für den Schutz von Kindern und Jugendlichen.

31. Pornografie beherrscht auch weiterhin die Gefühle von Menschen, die später ihre unter dem Einfluss der Pornografie getroffenen Entscheidungen bereuen. Dieser Prozess beginnt in der alltäglichen Werbung, die ohne den entmündigenden Einfluss der Pornografie sicher viel bedeutungsloser wäre, und endet mit der Zerstörung gewachsener Partnerbeziehungen.

32. Pornografie kann süchtig machen wie andere Suchtmittel und ist der Einstieg in die Welt der Droge „freie" Sexualität, die jede Verantwortung für das eigene Handeln leugnet. Die Pornosucht lässt sich psychologisch-medizinisch mit anderen Arten der Sucht durchaus vergleichen. Dabei finden sich klinisch nachweisbar folgende Stadien: 1. Stadium: Man kommt von der Pornografie nicht mehr los; 2. Sta-

dium: Der Pornokonsum wird häufiger und umfangreicher; 3. Stadium: Es tritt ein Eskalationseffekt ein, indem auch mit sehr großen Mengen konsumierter Pornografie der gewünschte Erfolg nicht mehr erreicht werden kann; 4. Stadium: Es erfolgt eine zunehmende Abstumpfung und Desensibilisierung gegenüber den merkwürdigsten Darstellungen und Handlungen; 5. Stadium: Es entsteht ein Zwang, das Gesehene zu praktizieren, wobei mehr und mehr jedes Mittel recht ist.

33. Weltweit sind bereits Millionen Menschen hochgradig pornografiesüchtig und zerstören ihr Leben ebenso, wie sie ihre Partner, Kinder oder Freunde in den Strudel ihrer Probleme mit hineinziehen.
34. Pornografiesucht schafft Isolation, ist teuer, kann zu Partnerverlust und Arbeitsplatzverlust führen und wird leicht „vererbt".
35. Pornografie löst für Einzelne, aber ebenso für Generationen, einen Rutschbahneffekt aus. Was gestern noch erregte, ist heute passé und muss durch eine ständig wachsende Zahl von Alternativen oder etwas „Schärferes" ersetzt werden. Hier liegt das Hauptgeschäft der Pornoindustrie.
36. Wie Hunger und Durst – aber auch Übergewicht oder gar Fresssucht – nicht kleiner, sondern größer werden, wenn man im Fernsehen verlockend hergerichtete Speisen und raffiniert gemachte Getränkewerbung sieht, so werden ein übersteigerter Sexualtrieb oder Sexsucht durch Pornografie nicht reduziert und abgebaut, sondern stimuliert und drängen erst recht und noch stärker als vorher nach realer Befriedigung, gleich welche Kosten damit verbunden sind.

Pornografie und Gewalt

37. Pornografie vermittelt ein unbeschränktes Recht, die eigenen sexuellen Wünsche rücksichtslos einlösen zu dürfen. Vergewaltigungen und sexueller Missbrauch von Kindern sind nur Beispiele für eine Sexualität, die den eigenen Trieb zum Maßstab aller Dinge macht.
38. Pornografie macht nachgewiesenermaßen aggressiv bzw. genauer gesagt: verstärkt aggressive Tendenzen – vor allem, aber nicht nur, gegenüber Frauen.
39. Pornografie bringt den „Vergewaltigungsmythos" hervor, der besagt, dass Frauen eigentlich vergewaltigt werden wollen und sie Vergewaltigungen eigentlich genießen, bzw. steigert dessen Akzeptanz. Forscher haben gezeigt, dass, wenn man jemanden nur wenige Minuten sexueller Gewaltpornografie aussetzt, wie Vergewaltigungsszenen oder andere Formen sexueller Gewalt gegen Frauen, antisoziale Einstellungen und antisoziales Verhalten die Folge sind.
40. Pornografie bringt auch einen weiteren Aspekt des „Vergewaltigungsmythos" hervor, der besagt, dass Männer, die eine Vergewaltigung begehen, sexuell ausgehungert bzw. aus anderen Gründen besonders triebstark sind. Wenn die Frau bei der Vergewaltigung in pornografischen Darstellungen Lust empfindet, wird die Mehrzahl der Männer erregt.
41. Das vorrangige Verbrechen, das die Pornografie mit verursacht und zumindest verharmlost, ist die Vergewaltigung. Wer dem Vergewaltigungsmythos erliegt und Vergewaltigung immer weniger verab-

scheut, führt sie auch eher tatsächlich durch. Deswegen finden sich im Internet auch immer häufiger Darstellungen, wie eine Vergewaltigung abläuft.

42. Die Zahl der Vergewaltigungen in der Ehe ist durch Pornografie sprunghaft angestiegen. Männer erwarten von ihren Frauen immer häufiger, dass sie genau das machen, was sie in pornografischen Darstellungen gesehen haben und zwingen sie dazu notfalls mit Gewalt, wie ihnen das die Pornografie oft vormacht.
43. Pornografie führt zu Nachahmungsverbrechen, weil ihre Konsumenten ausprobieren und nachahmen, was ihnen optisch vorgemacht wird.
44. Pornografie wird in ihren Darstellungen immer brutaler und bringt unglaubliche Gewaltorgien hervor. Die Verwendung von Sex und Gewalt wird in unseren Gesellschaften immer intensiver. Ein Bereich, in dem die Brutalisierung der Pornografie ganz offensichtlich wird, ist die Kinderpornografie.
45. Pornografie vermittelt immer häufiger den abwegigen Gedanken, dass Gewalt bzw. Schmerzen und Sexualität zusammengehören oder gut zusammenpassen.
46. Da Pornografie verkündigt, dass Sex keine Konsequenzen hat und man sich für nichts moralisch verantworten muss, ist sie wesentlich mit dafür verantwortlich, dass Abtreibung zu einer wesentlichen „Verhütungsmethode“ geworden ist. Wer seine Triebe nicht beherrscht und gegen Gewalt abstumpft, und stattdessen rücksichtslos auslebt, nimmt eben am Ende auch keine Rücksicht mehr auf das Leben.

47. Die Pornoindustrie wird über weite Strecken vom organisierten Verbrechen kontrolliert, was nicht nur an den großen Verdienstmöglichkeiten liegt, sondern auch daran, dass viele Darsteller nicht freiwillig für die Aufnahmen zur Verfügung stehen.

Literatur

Alle Internetverbindungen und Downloads, die in diesem Buch genannt werden, wurden am 20.10.2007 vorgenommen oder überprüft.

Geschichte und Wirtschaftsgeschichte

Svenja *Flaßpöhler*, Der Wille zur Lust: Pornographie und das moderne Subjekt, Frankfurt: Campus 2007

David *Hebditch*/Nick Anning, Porn Gold: Die Geschäfte mit der Pornographie: Eine Billionen-Dollar-Story, Wien: Jugend und Volk 1989

Klaus E. *Heinig*, „Erotische und pornographische Videofilme: Eine Marktübersicht", in: Eva Dane/Renate Schmidt (Hg.), Frauen und Männer und Pornographie, Frankfurt: Fischer Taschenbuch Verlag 1990, S. 90-93

Lynn *Hunt* (Hg.), Die Erfindung der Pornographie: Obszönität und die Ursprünge der Moderne, Frankfurt: Fischer Taschenbuch 1994 = Lynn Hunt (Hg.), The Invention of Pornography: Obscenity and the Origin of Modernity 1500-1800, New York: Zone Books 1993

Klaus-Peter *Kerbusk*, „Mit der Pussy zum Erfolg: Erotische Inhalte haben neuen Techniken stets zum Durchbruch verholfen", in: *Spiegel Special* 3/1998, S. 105-107

Frederick S. *Lane*, Obscene Profits: The Entrepreneurs of Pornography in the Cyber Age, New York: Routledge 2000

Kevin *Rockett*, Irish Film Censorship: A Cultural Journey from Silent Cinema to Internet Pornography, Dublin: Four Courts 2004

Renate *Schmidt*, „Pornographie – hinsehen oder wegsehen? Rückblick nach 20 Jahren", in: Eva Dane/Renate Schmidt (Hg.), Frauen und Männer und Pornographie, Frankfurt: Fischer Taschenbuch Verlag 1990, S. 15-22

Rodger *Streitmatter*, Sex Sells: The Media's Journey from Repression to Obsession, Cambridge: Westview Press 2004

Sarah *Toulalan*, Imagining Sex: Pornography and Bodies in Seventeenth-Century England, Oxford: Oxford University Press 2007

Linda *Williams*, Hard-Core: Macht, Lust und die Traditionen des pornographischen Films, Basel: Stroemfeld 1995

Pornografie – Studien und Sammelbände

www.nationalcoalition.org
Statistiken weltweit und USA:
internet-filter-review.toptenreviews.com/internet-pornography-statistics.html
www.nielsen-netratings.com
www.blazinggrace.org/pornstatistics.htm: Statistiken zu den USA
www.familysafemedia.com
www.nationalcoalition.org/resourcesservices/stat.html

Mike *Allen*/David D'Alessio/Keri Brezgel, „A Meta-Analysis Summarizing the Effects of Pornography II: Aggression After Exposure", in: *Human Communication Research* 22 (1995), S. 258-283

Wolfgang *Berner*/Andreas Hill, „Gewalt, Missbrauch, Pornografie", in: Rainer Hornung (Hg.), Sexualität im Wandel. Zürcher Hochschulforum 36, Zürich: vdf-Hochschulverlag 2004, S. 141-157

Nancy *Bowen*, „Pornography: Research Review and Implications for Counseling", in: *Journal of Counseling and Development* 65 (1987), S. 345-350

Bettina *Bremme*, Sexualität im Zerrspiegel: Die Debatte um Pornographie, Münster: Waxmann 1990

Hans-Bernd *Brosius*, „Die medial vermittelte soziale Realität in Pornographie und Erotikangeboten", in: Kurt Seikowski (Hg.), Sexualität und neue Medien, Lengerich u. a.: Pabst Science Publ. 2005, S. 43-53

James V. P. *Check*, The Effects of Violent and Nonviolent Pornography, Ottawa: Department of Justice 1985

Pamela *Church Gibson* (Hg.), More Dirty Looks: Gender, Pornography and Power, London: bfi Publ. 2004[2]

Victor B. *Cline*, „Pornography Effects: Empirical and Clinical Evidence", in: Dolf Zillmann u. a. (Hg.), Media, Children, and the Family, Hillsdale: Lawrence Erlbaum Ass. 1994, S. 229-247

ders., Pornography's Effects on Adults and Children, New York: Morality in Media 1999

ders. (Hg.), Where do you Draw the Line? An Exploration into Media Violence, Pornography, and Censorship. Provo: Brigham Young University Press 1974

Al *Cooper* (Hg.), Cybersex: The Dark Side of the Force. Journal of *Sexual Addiction & Compulsivity* – Special Issue Philadelphia: Brunner-Routledge 2000 *ders.*, „Sexuality and the Internet: Surfing into the New Millennium", in: *CyberPsychology and Behavior* 1 (1998), S. 187-194

ders. u. a., „Online Sexual Problems: Assessment and Predictive Variables", in: *Sexual Addiction and Compulsivity* 8 (2001), S. 267-285

Drucilla *Cornell*, Die Versuchung der Pornographie, Berlin: Berlin Verlag 1995

John H. *Court*, Pornography and Harm Condition, Adelaide: Flinders University 1980

ders., „Pornography Update", in: *British Journal of Sexual Medicine* 7 (May 1981), S. 28-30

ders., „Sex and Violence: A Ripple Effect", in: Neil M. Malamuth/Edward Donnerstein, Pornography and Sexual Aggression, Orlando: Academic Press 1984, S. 143-172

Eva *Dane*/Renate Schmidt (Hg.), Frauen und Männer und Pornographie, Frankfurt: Fischer Taschenbuch Verlag 1990

Edward *Donnerstein*, „Pornography: Its Effect on Violence against Women", in: Neil M. Malamuth/Edward Donnerstein, Pornography and Sexual Aggression, Orlando: Academic Press 1984, S. 53-82

ders./Daniel Linz/Steven Penrod, The Question of Pornography: Research Findings and Policy Implications, New York: The Free Press; London: Collier Macmillan Publ. 1987

Keith F. *Durkin*, „The Internet as a Milieu for the Management of a Stigmatized Sexual Identity". in: Dennis D. Waskul, Net.seXXX: Readings on Sex, Pornography, and the Internet, New York: Lang 2004, S. 131-147

Henner *Ertel*, Erotika und Pornographie, München: Psychologie Verlags-Union 1990

Stephan *Feldhaus*/Götz Kockott, „Pornographie, 1. Zum Problemstand", Friedrich-Christian Schroeder, „Pornographie, 2. Rechtlich". (S. 37-38) und Waldemar Molinski/Stephan Feldhaus, „Pornographie, 3. Ethisch" (S. 38-41), in: Wilhelm Korff u.a. (Hg.), Lexikon der Bioethik, Bd. 3., Gütersloh: Gütersloher Verlagshaus, 1998

Bradley S. *Greenberg* (Hg.), Media, Sex and the Adolescent, Cresskill (NJ): Hampton Press 1993

Patricia A. *Harmon*/James V. P. Check, The Role of Pornography in Woman Abuse. Report 33, March 1989, Toronto: Department of Psychology, York University 1988

Aletha C. *Huston*/Ellen Wartella/Edward Donnerstein, Measuring the Effects of Sexual Content in the Media: A Report to the Kaiser Family Foundation, Oakland: The Kaiser Family Foundation

1998, http://www.kff.org/entmedia/loader.cfm?url=/commonspot/security/getfile.cfm&PageID=14624

Jane *Juffer*, At Home with Pornography: Women, Sex, and Everyday Life, New York & London: New York University Press 1998

Joachim H. *Knoll*/Andreas Müller, Sexualität und Pornographie: Jugendliche Medienwelt. Forschung und Praxis der Sexualaufklärung und Familienplanung 10, Köln: Bundeszentrale für gesundheitliche Aufklärung 1998

C. Everett *Koop*, „The Surgeon General's Report", in: Tom Minnery (Hg.), Pornography: A Human Tragedy, Wheaton: Tyndale House 1986, S. 323-332

Berl *Kutchinsky*, „Toward an Explanation of the Decrease in Registered Sex Crimes in Copenhagen", Technical Report of Commission of Obscenity and Pornography Bd. 7, Washington D. C.: US Printing Office 1971

Frederick S. *Lane*, Obscene Profits: The Entrepreneurs of Pornography in the Cyber Age, New York: Routledge 2000

Laura J. *Lederer*/Richard Delgado (Hg.), The Price we Pay: The Case against Racist Speech, Hate Propaganda, and Pornography, New York: Hill and Wang 1995

Peter *Lehman* (Hg.), Pornography: Film and Culture, New Brunswick: Rutgers University Press 2006

Margrit *Lenssen*/Elke Stolzenburg (Hg.), Schaulust: Erotik und Pornographie in den Medien, Opladen: Leske + Budrich 1997

Daniel G. *Linz*/Edward Donnerstein/Steven Penrod, „Effects of Longterm Exposure to Violent and Sexually Degrading Depictions of Women", in: *Journal of Personality and Social Psychology* 55 (1988), S. 758-768

Bruce V. *Loding*, The Relationship Between Attachment, Trauma, and Exposure to Pornography in Juvenile Sexual Offenders, Worcester: Clark University, Diss. 2006

John S. *Lyons*/Rachel Anderson/David B. Larson, „A Systematic Review of the Effects of Aggressive and Nonaggressive Pornography", in: Dolf Zillmann u. a. (Hg.), Media, Children, and the Family, Hillsdale: Lawrence Erlbaum Ass. 1994, S. 271-310

Matthias *Mala*, Cybersex: Lust und Frust im Internet, München: Atmosphären Verlag 2004

Neil M. *Malamuth*, „Rape Proclivity Among Males", in: *Journal of Social Issues* 37 (1981), S. 138-157

ders./Ramara Addison/Mary Koss, „Pornography and Sexual Aggression: Are There Reliable Effects and Can We Understand Them?",

in: *Annual Review of Sex Research* 11 (2000), S. 26-91
ders./Ed Donnerstein, „The Effects of Aggressive-Pornographic Mass Media Stimuli", in: *Advances in Experimental Social Psychology* 15 (1982), S. 103-136
ders./Edward Donnerstein, Pornography and Sexual Aggression, Orlando: Academic Press 1984
Jill C. *Manning*, Pornography's Impact on Marriage & The Family. Testimony before the Subcommittee on the Constitution, Civil Rights and Property Rights Committee on Judiciary, United States Senate. 9.11.2005. www.heritage.org/Research/Family/tst111405a.cfm?renderforprint=1; lange Dokumentation dazu: Jill C. Manning. www.heritage.org/Research/Family/upload/85273_1.pdf
William L. *Marshall*, A Report on the Use of Pornography by Sexual Offenders. Prepared for the Federal Department of Justice, Ottawa: Federal Department of Justice 1983
Richard E. *McLawhorn*, Summary of the Final Report of the Attorney General's Commission on Pornography July 1986, Cincinnati: National Coalition against Pornography 1986
Anthony *Mulac*/Laura L. Jansma/Daniel G. Linz, „Men's Behavior Toward Women After Viewing Sexually-Explicit Films: Degradation Makes a Difference", in: Communication Monographs 69 (2002), S. 311-328
„Die Multimedia-Zukunft, Sex, Lügen und Internet", in: *Spiegel Special* 3/1996, S. 148-153
Elizabeth *Oddone-Paolucci*/Mark Genuis/Claudio Violato, „A Meta-Analysis of the Published Research on the Effects of Pornography", in: Medicine, Mind and Adolescence 11 (2000), S. 23-28 = Elizabeth Oddone-Paolucci/Mark Genuis/Claudio Violato, „A Meta-Analysis of the Published Research on the Effects of Pornography", in: dies. (Hg.), The Changing Family and Child Development. Aldershot (GB): Ashgate Publishing 2000, S. 48-59
Jakob *Pastötter*, Erotic Home Entertainment und Zivilisationsprozess: Analyse des postindustriellen Phänomens Hardcore-Pornographie, Wiesbaden: Deutscher Universitäts-Verlag 2003
Pamela *Paul*, Pornified: How Pornography is Damaging Our Lives, Our Relationships, and Our Families, New York: Henry Holt & Company 2005
Samuel *Pfeifer*, Internetsucht: Verstehen – Beraten – Bewältigen. Psychiatrie & Seelsorge Seminarheft, Riehen (CH): Psychiatrische Klinik Sonnenhalde 2004
Richard *Procida*/Rita J. Simon, Global Perspectives on Social Issues:

Pornography, Lanham: Lexington Books 2003
Judith *Rauch*, „Die Beweise liegen vor“, in: Alice Schwarzer (Hg.), Por-No. Emma Sonderband 5 (1998), Köln: Emma 1988, S. 31-34
M. Douglas *Reed*, „Pornography Addiction and Compulsive Sexual Behavior“, in: Dolf Zillmann u. a. (Hg.), Media, Children, and the Family, Hillsdale: Lawrence Erlbaum Ass. 1994, S. 249-269
Andreas *Rose*, Die Wirkung erotischen und pornographischen Bildmaterials auf junge Erwachsene, Diss. Universität Bamberg 1991
Barry S. *Sapolsky*, „Experimental Studies on Pornography and Aggression“, in: Neil M. Malamuth/Edward Donnerstein, Pornography and Sexual Aggression, Orlando: Academic Press 1984, S. 83-138
Michael *Schetsche*, „Pornographie im Internet“, in: Gunter Schmidt/Bernhard Strauß (Hg.), Sexualität und Spätmoderne: Über den kulturellen Wandel der Sexualität, Gießen: Psychosozial-Verlag 2002, S. 139-158
Thomas *Schirrmacher*/Christa Meves, Ausverkaufte Würde: Der Pornographieboom und seine Folgen, Holzgerlingen: Hänssler 2000
Renate *Schmidt*, „Pornographie – hinsehen oder wegsehen? Rückblick nach 20 Jahren“, in: Eva Dane/Renate Schmidt (Hg.), Frauen und Männer und Pornographie, Frankfurt: Fischer Taschenbuch Verlag 1990, S. 15-22
David Alexander *Scott*, „How Pornography Changes Attitudes“, in: Tom Minnery (Hg.), Pornography: A Human Tragedy. Wheaton: Tyndale House 1986, S. 115-143
Herbert *Selg*, Pornographie: Psychologische Beiträge zur Wirkungsforschung, Bern: Verlag Hans Huber 1986
Friederike *Sohn*, Pornographie: Anleitung zur sexuellen Gewalt? Hamburg: Verlag Dr. Kovac 1995
Jessica *Spector* (Hg.), Prostitution and Pornography: Philosophical Debate About the Sex Industry, Stanford: Stanford University Press 2006
Steven *Stack*/Ira Wassermann/Roder Kern, „Adult Social Bonds and Use of Internet Pornography“, in: *Social Science Quarterly* 85 (2004), S. 75-88
Christine *Stark*/Rebecca Whisnant, Not For Sale: Feminists Resisting Prostitution and Pornography, North Melbourne: Spinifex Press 2004
Technical Report of Commission of Obscenity and Pornography. Bd. 7, Washington D. C.: US Printing Office 1971
Ulrich *Vultejus*, „Die Pornographie: Ein neuer Markt und seine Grenzen“, in: *Universitas* 53 (1998), S. 859-870

Bruce *Watson*/Shyla Rae Welch, „Just Harmless Fun? Understanding the Impact of Pornography". 17 S. hg. von der Kinderschutzorganisation *Enough is Enough*, Great Falls USA, 2000, www.protectkids.com/effects/justharmlessfun.pdf

Rebecca *Whisnant*, Not for Sale: Feminists Resisting Prostitution and Pornography, North Melbourne: Spinifex Press 2004

Maurice *Yaffé*/Edward C. Nelson, The Influence of Pornography on Behaviour, Academic Press: London 1982

Dolf *Zillmann*, „Effects of Prolonged Consumption of Pornography", in: Dolf Zillmann/Jennings Bryant (Hg.), Pornography: Research Advances and Policy Considerations. Hillsdale: Erlbaum 1989, S. 127-157

ders., „Erotica and Family Value", in: Dolf Zillmann u. a. (Hg.), Media, Children, and the Family, Hillsdale: Lawrence Erlbaum Ass. 1994, S. 199-213

ders., „Influence of Unrestrained Access to Erotica", in: *Journal of Adolescent Health* 27 (2000), S. 41-44

ders., „Pornografie", in: Roland Mangold u. a., Lehrbuch der Medienpsychologie, Göttingen: Hogrefe 2004, S. 566-585

ders. u. a. (Hg.), Media, Children, and the Family, Hillsdale: Lawrence Erlbaum Ass. 1994

ders./Jennings Bryant (Hg.), Pornography: Research Advances and Policy Considerations, Hillsdale: Erlbaum 1989

dies., „Effects on Prolonged Consumption of Pornography on Family Values", in: *Journal of Family Issues* 9 (1988) 4, S. 518-544

dies., „Pornography's Impact on Sexual Satisfaction", in: *Journal of Applied Social Psychology* 18 (1988), S. 438-453

dies., „Pornography, Sexual Callousness, and the Trivialization of Rape", in: *Journal of Communication* 32 (1982) 4, S. 10-21

Pornografiestudien zu den Folgen für Partner von Pornografiekonsumenten

www.sociosite.org/pornography.php
www.victimsofpornography.org

Raymond M. *Bergner*/Ana J. Bridges, „The Significance of Heavy Pornography Involvement for Romantic Partners" in: *Journal of Sex and Marital Therapy* 28 (2002), S. 193-206

Ana J. *Bridges*/Raymond M. Bergner/Matthew Hesson-McInnis, „Romantic Partner's Use of Pornography: Its Significance for Wo-

men", in: *Journal of Sex and Marital Therapy* 29 (2003), S. 1-14
Arne *Dekker*, „Cybersex und Online-Beziehungen", in: Rainer Hornung (Hg.), Sexualität im Wandel, Zürcher Hochschulforum 36, Zürich: vdf-Hochschulverlag 2004, S. 159-179
Petra *Fleckenstein*, „Wenn der Partner Pornos schaut", 10.10.2007. www.urbia.de/topics/article/?id=9017
L. J. *Heinberg*/Joel Kevin Thompson, „Body Image and Televised Images of Thinness and Attractiveness: A Controlled Laboratory Investigation", in: *Journal of Social and Clinical Psychology* 14 (1995), S. 325-338
Eaaron *Henderson-King*/Donna Henderson-King, „Media Effects on Women's Body Esteem: Social and Individual Difference factors", in: *Journal of Applied Social Psychology* 27 (1997), S. 399-417
Thomas *Schirrmacher*, Der Segen von Ehe und Familie: Interessante Erkenntnisse aus Forschung und Statistik, Bonn: VKW 2006
Jennifer *Schneider*, „Effects of Cybersex Addiction on the Family", in: Al Cooper (Hg.), Cybersex: The Dark Side of the Force. *Journal of Sexual Addiction & Compulsivity* – Special Issue Philadelphia: Brunner-Routledge 2000, S. 31-58
Mark F. *Schwartz*/Stephen Southern, „Compulsive Cybersex: The New Team Room", in: Al Cooper (Hg.), Cybersex: The Dark Side of the Force. Journal of Sexual Addiction & Compulsivity – Special Issue Philadelphia, Brunner-Routledge 2000, S. 127-144
Dennis D. *Waskul*, Net.seXXX: Readings on Sex, Pornography, and the Internet, New York: Lang 2004
Monica Therese *Whitty*, „Pushing the Wrong Button: Men's and Women's Attitudes Toward Online and Offline Infidelity", in: *CyberPsychology & Behavior* 6 (2003), S. 569-579
Kimberley S. *Young* u. a., „Online Infidelity", in: Al Cooper (Hg.), Cybersex: The Dark Side of the Force. Journal of Sexual Addiction & Compulsivity – Special Issue Philadelphia: Brunner-Routledge 2000, S. 59-74

Pornografie und Gewalt bzw. Vergewaltigung

G. G. *Abel*, „Use of Pornography and Erotica by Sex Offenders". Presented to the U.S. Attorney General's Commission on Pornography, Houston 1985
Mike *Allen*/David D'Alessio/Tara M. Emmers-Sommer, „Reactions of Criminal Sexual Offenders to Pornography: A Meta-Analytical Summary", in: *Communication Yearbook* 22 (2000), S. 139-169

Mike *Allen* u. a., „Exposure to Pornography and Acceptance of Rape Myths“, in: *Journal of Communication* 45 (1995), S. 5-26

Günter *Amendt*, „Von der Sexfront in den Grabenkampf ...“, in: Eva Dane/Renate Schmidt (Hg.), Frauen und Männer und Pornographie, Frankfurt: Fischer Taschenbuch Verlag 1990, S. 23-28

Martin *Amis*, „A Rough Trade“. The Guardian Unlimited vom 17.3.2001, books.guardian.co.uk/departments/politicsphilosophyandsociety/story/0,,458058,00.html, dt. Übersetzung nur in Martin Amis, „Ein hartes Geschäft“, 16 S. (ohne Zählung) in: Stefano DeLuigi/Martin Amis. Pornoland: Im Hollywood der Lustfabriken, München: Knesebeck 2004 (pornografisch bebildert)

Michelle J. *Anderson*, „Silencing Women's Speech“, in: Laura J. Lederer/Richard Delgado (Hg.), The Price we Pay: The Case against Racist Speech, Hate Propaganda, and Pornography, New York: Hill and Wang 1995, S. 122-130

Attorney General's Commission on Pornography: Final Report. Washington D. C.: US Printing Office, 1986

Martin *Barron*/Michael Kimmel, „Sexual Violence in Three Pornographic Media“, in: Journal of Sex Research 37 (2000), S. 161-168; Download unter: findarticles.com/p/articles/mi_m2372/is_2_37/ai_64698519

Halina *Bendkowski*/Irene Rotalsky (Hg.), Die alltägliche Wut: Gewalt – Pornografie – Feminismus, Berlin: Elefanten Press 1987

Renate *Berger*, „Lady Killer: Überlegungen zum Verhältnis von Kunst und Pornographie“, in: Eva Dane/Renate Schmidt (Hg.), Frauen und Männer und Pornographie, Frankfurt: Fischer Taschenbuch Verlag 1990, S. 69-81

Wolfgang *Berner*/Andreas Hill, „Gewalt, Missbrauch, Pornografie“, in: Rainer Hornung (Hg.), Sexualität im Wandel, Zürcher Hochschulforum 36. Zürich: vdf-Hochschulverlag 2004, S. 141-157

Scot B. *Boeringer*, „Pornography and Sexual Aggression“, in: *Deviant Behavior* 15 (1994), S. 289-304

Emilie *Buchwald* u. a. (Hg.), Transforming a Rape Culture, Minneapolis: Milkweed Ed. 2005 (erw. von 1993)

John H. *Court*, „Pornography and Sex-Crimes“, in: *International Journal of Criminology and Penology* 5 (1976), S. 129-157 = John H. Court, Pornography and Harm Condition, Adelaide: Flinders University 1980, S. 222-239

ders., „Rape and Pornography in White South Africa“, in: *De Iure* 12 (1979), S. 236-241 *ders.*, „Rape and Trends in New South Wales“, in: *Australian Journal of Social Issues* 17 (1982), S. 202-206

ders., „Sex and Violence: A Ripple Effect“, in: *Neil M.* Malamuth/Edward Donnerstein, Pornography and Sexual Aggression, Orlando: Academic Press 1984, S. 143-172

Sandra M. *Domalewski*, „Rape Myth Acceptance: Changing Attitudes Through the Use of Popular Movies“. Forschungsbericht der Missouri Western State University, Dezember 1999: clearinghouse.missouriwestern.edu/manuscripts/147.asp

Edward *Donnerstein*, „Pornography: Its Effect on Violence against Women“, in: Neil M. Malamuth/Edward Donnerstein, Pornography and Sexual Aggression, Orlando: Academic Press 1984, S. 53-82

ders./Daniel Linz, „Sexual Violence in the Media: A Warning“, in: Psychology Today (New York) 1/1984, S. 14-15

David *Finkelhor*/Kersti Yllo, License to Rape: Sexual Abuse of Wives, New York: Holt, Rinehart and Winston 1987 (Nachdruck von New York: Free Press 1985)

Susan *Gubar*/Joan Hoff (Hg.), For Adult Users Only: The Dilemma of Violent Pornography, Bloomington: Indiana University Press 1989

Patricia A. *Harmon*/James V. P. Check, The Role of Pornography in Woman Abuse. Report 33, March 1989, Toronto: Department of Psychology, York University 1988

Andreas *Hill*/Peter Briken/Wolfgang Berner, „Pornographie im Internet – Ersatz oder Anreiz für Gewalt?“, in: Internet-Devianz: Reader, Stiftung Deutsches Forum für Kriminalprävention: Berlin 2006, S. 113-136; auch unter www.kriminalpraevention.de/downloads/as/internet/Internet-Devianz-finalweb.pdf

dies., „Pornographie und sexuelle Gewalt im Internet“, in: Bundesgesundheitsblatt – Gesundheitsforschung – Gesundheitsschutz 50 (2007) 1, S. 90-102

Dennis *Howitt*/Kerry Sheldon, Sex Offenders and the Internet, New York: Wiley 2007

Donna M. *Hughes*, „Welcome to the Rape Camp: Sexual Exploitation and the Internet in Cambodia“, in: Journal of Sexual Aggression 6 (2000), S. 1-23; auch unter: www.uri.edu/artsci/wms/hughes/rapecamp.htm

Catherine *Itzin*, „Pornography and the Construction of Misogyny“, in: *The Journal of Sexual Aggression* 8 (2002), S. 4-42

Laura J. *Lederer*/Richard Delgado (Hg.), The Price we Pay: The Case against Racist Speech, Hate Propaganda, and Pornography, New

York: Hill and Wang 1995
Daniel *Linz*/Edward Donnerstein, „The Effects of Counter-Information on the Acceptance of Rape Myths“, in: Dolf Zillmann/Jennings Bryant (Hg.), Pornography: Research Advances and Policy Considerations, Hillsdale (NJ): Erlbaum 1989, S. 259-288
Bruce V. *Loding*, The Relationship Between Attachment, Trauma, and Exposure to Pornography in Juvenile Sexual Offenders, Worcester: Clark University, Diss. 2006
Neil M. *Malamuth*, „Rape Proclivity Among Males“, in: *Journal of Social Issues* 37 (1981), S. 138-157
ders./Edward Donnerstein, Pornography and Sexual Aggression, Orlando: Academic Press 1984
Lann Alvin *Malesky*, Sexually Deviant Internet Usage by Child Sex Offenders, University of Memphis: Diss. 2002
William L. *Marshall*, „Pornography and Sex Offenders“, in: Dolf Zillmann/Jennings Bryant (Hg.), Pornography: Research Advances and Policy Considerations, Hillsdale: Erlbaum 1989, S. 185-214
ders., A Report on the Use of Pornography by Sexual Offenders. Prepared for the Federal Department of Justice, Ottawa: Federal Department of Justice 1983
Alice *Mayall*/Diana E. H. Russell, „Racism in Pornography“, in Diana E. H. Russell (Hg.), Making Violence Sexy: Feminist Views on Pornography, New York: Teachers College Press 1993; Buckingham: Open University Press 1993, S. 167-177
Robin *Morgan*, „Theory and Practice: Pornography and Rape“, in: Laura J. Lederer (Hg.), Take Back the Night: Women on Pornography, New York: William Morrow 1980, S. 134-140
D. L. *Payne*/K. A. Lonsway/L. F. Fitzgerald, „Rape Myth Acceptance: Exploration of its Structure and its Measurement Using the Illinois Rape Myth Acceptance Scale“, in: *Journal of Research in Personality* 33 (1999), S. 27-68
Pornography's Relationship to Rape and Aggression Toward Women. Heftserie: Research on Pornography: The Evidence of Harm, Cincinnati, o. J.: National Coalition against Pornography o. J. (ca. 1990), 10 S.
Jill *Radford*/Diana E. H. Russell (Hg.), Femicide: The Politics of Woman Killing, New York: Twayne 1992
Judith *Rauch*, „Die Beweise liegen vor“, in: Alice Schwarzer (Hg.), PorNo, Emma Sonderband 5 (1998), Köln: Emma 1988, S. 31-34
http://www.dianarussell.com/publications.html
Diana E. H. *Russell*, Against Pornography: The Evidence of Harm, Ber-

keley: Russell Pub. 1993; Auszug „Pornography as a Cause of Rape“ unter www.dianarussell.com/porntoc.html

Diana E. H. *Russell*. Behind Closed Doors in White South Africa: Incest Survivors Tell Their Stories, New York: St. Martin's Press 1997

Diana E. H. *Russell*, Dangerous Relationships: Pornography, Misogyny, and Rape, Thousand Oaks: Sage Publications 1998[1]; 1999[2]

dies. (Hg.), Making Violence Sexy: Feminist Views on Pornography, New York: Teachers College Press 1993; Buckingham: Open University Press 1993

dies., The Politics of Rape: The Victim's Perspective, New York: Stein and Day 1974

dies., „Pornography and Rape: A Causal Model“, in: Catherine Itzin (Hg.), Pornography: Women, Violence and Civil Liberties, Oxford: Oxford Univ. Press 1993[2], S. 310-349

dies., „Pornography and Rape: A Causal Model“. in: Diana E. H. Russell (Hg.). Making Violence Sexy: Feminist Views on Pornography, New York: Teachers College Press 1993; Buckingham: Open University Press 1993, S. 120-150

dies., Rape in Marriage, New York: Macmillan 1982[1], erweitert: Bloomington: Indiana University Press 1990[2]

dies., The Secret Trauma: Incest in the Lives of Girls and Women. Rev. edition. Basic Books: 1999[2] (1986[1])

dies., Sexual Exploitation: Rape, Child Sexual Abuse, and Workplace Harassment Beverly Hills: Sage Publications 1986

dies./Rebecca M. Bolen, The Epidemic of Rape and Child Sexual Abuse in the United States, Thousand Oaks: Sage Publications 2000

dies./Roberta A. Harmes (Hg.), Femicide in Global Perspective, New York: Teachers College Press 2001

David Alexander *Scott*, „Pornography and Violent Behavior“, in: Tom Minnery (Hg.), Pornography: A Human Tragedy, Wheaton: Tyndale House 1986, S. 145-161

Herbert *Selg*, „Über Wirkungen von Gewaltpornographie“, in: Eva Dane/Renate Schmidt (Hg.), Frauen und Männer und Pornographie, Frankfurt: Fischer Taschenbuch Verlag 1990, S. 137-144

Glenn A. *Walp*, The Missing Link Between Pornography and Rape: Convicted Rapists Respond with Validated Truth, Minneapolis: Walden Univ., Dissertation 2005

James B. *Weaver*, „Pornography and Sexual Callousness: The Perceptual and Behavioral Consequences of Exposure to Pornography“, in: Dolf Zillmann u. a. (Hg.), Media, Children, and the Family, Hillsdale: Lawrence Erlbaum Ass. 1994, S. 215-228

Dolf *Zillmann*/Jennings Bryant, „Pornography, Sexual Callousness, and the Trivialization of Rape", in: *Journal of Communication* 32 (1982) 4, S. 10-21

Pornografie aus feministischer Sicht

Isabelle *Azoulay*, Phantastische Abgründe: Die Gewalt in der sexuellen Phantasie von Frauen, Frankfurt: Brandes und Apsel 1996[1]; 2004[2]

Gisela *Breitling*, „Pornographische Gesellschaft mit beschränkter Haftung", in: Karin Rick/Sylvia Treudl (Hg.), Frauen – Gewalt – Pornographie, Wien: Wiener Frauenverlag 1989, S. 141-156

Emilie *Buchwald* u. a. (Hg.), Transforming a Rape Culture, Minneapolis: Milkweed Ed. 2005 (erw. von 1993)

James *Check*, „Racism and Sexism in Pornography", in: Laura J. Lederer/Richard Delgado (Hg.), The Price we Pay: The Case against Racist Speech, Hate Propaganda, and Pornography, New York: Hill and Wang 1995, S. 92-96

Gail *Dines*, „King Kong and the White Woman: Hustler Magazine and the Demonization of Black Mascuilinity", in: Rebecca Whisnant, Not for Sale: Feminists Resisting Prostitution and Pornography, North Melbourne: Spinifex Press 2004, S. 89-101

dies./Robert Jensen/Ann Russo, Pornography: The Production and Consumption of Inequality, New York: Routledge 1998

Nicola *Döring*, „Feminist Views of Cybersex: Victimization, Liberation, and Empowerment", in: *CyberPsychology & Behavior* 3 (2000) 5, S. 863-884

dies., „Cybersex aus feministischen Perspektiven: Viktimisierung, Liberalisierung und Empowerment", in: *Zeitschrift für Frauenforschung & Geschlechterstudien* 18 (2000) 1-2, S. 22-48

Andrea *Dworkin*, Pornographie: Männer beherrschen Frauen, Köln: Emma 19882; Frankfurt: Fischer Taschenbuch Verlag 1990

Uhse Cornelia *Filter*, „Bomberpilotin und Pornoproduzentin", in: Alice Schwarzer (Hg.), PorNo, Emma Sonderband 5 (1998), Köln: Emma 1988, S. 68-75

Aminatta *Forna*, „Pornography and Racism", in: Catherine Itzin (Hg.), Pornography: Women, Violence and Civil Liberties, Oxford: Oxford Univ. Press 1993[2], S. 102-112

Claudia *Gehrke* (Hg.), Frauen und Pornographie, Konkursbuch extra, Tübingen: Konkursbuch Verlag o. J. (1992)

Susan *Gubar*/Joan Hoff (Hg.), For Adult Users Only: The Dilemma of Violent Pornography, Bloomington: Indiana University Press 1989

Marie-Françoise *Hans*/Gilles Lapouge (Hg.), Die Frauen-Pornographie und Erotik: Interviews, Darmstadt & Neuwied: Luchterhand 1982

Catherine *Itzin*, „Entertainment for Men", in: dies. (Hg.), Pornography: Women, Violence and Civil Liberties, Oxford: Oxford Univ. Press 1993², S. 27-53

dies., „Pornography and the Construction of Misogyny", in: *The Journal of Sexual Aggression* 8 (2002), S. 4-42

dies. (Hg.), Pornography: Women, Violence and Civil Liberties, Oxford: Oxford Univ. Press 1993²

Jane *Juffer*, At Home with Pornography: Women, Sex, and Everyday Life, New York & London: New York University Press 1998

Susanne *Kappeler*, Pornographie – Die Macht der Darstellung, München: Frauenoffensive 1988

Laura J. *Lederer*, „Pornography and Racist Speech as Hate Propaganda", in: Laura J. Lederer/Richard Delgado (Hg.), The Price we Pay: The Case against Racist Speech, Hate Propaganda, and Pornography, Hill and Wang: New York 1995, S. 131-140

dies. (Hg.), Take Back the Night: Women on Pornography, New York: William Morrow 1980

dies./Richard Delgado (Hg.), The Price We Pay: The Case Against Racist Speech, Hate Propaganda, and Pornography, New York: Hill and Wang 1995

Joan *Mason-Grant*, Pornography Embodied: From Speech to Sexual Practice, Lanham: Rowman & Littlefield 2004

Judith *Rauch*, „Die Beweise liegen vor", in: Alice Schwarzer (Hg.), PorNo, Emma Sonderband 5 (1998), Köln: Emma 1988, S. 31-34

Karin *Rick*/Sylvia Treudl (Hg.), Frauen – Gewalt – Pornographie: Dokumentation zum Symposion, Wien: Wiener Frauenverlag 1989

Corinna *Rückert*, Frauenpornographie: Pornographie von Frauen für Frauen: Eine kulturwissenschaftliche Studie, Frankfurt: Lang 2000

Diana E. H. *Russell*, Dangerous Relationships: Pornography, Misogyny, and Rape. Thousand Oaks: Sage Publications, 1998¹; 1999² – bebilderte, ältere Fassung: dies., Against Pornography: The Evidence of Harm, Berkeley: Russell Publ. 1993

dies. (Hg.), Making Violence Sexy: Feminist Views on Pornography, New York: Teachers College Press 1993; Buckingham: Open University Press 1993

Ann *Russo*, „Feeding the People in all Their Hungers", in: Gail Dines/Robert Jensen/Ann Russo, Pornography: The Production and Consumption of Inequality, New York: Routledge 1998, S. 147-154

Alice *Schwarzer*, „Der Gesetzesentwurf von ‚EMMA'", in: Eva Dane/Renate Schmidt (Hg.), Frauen und Männer und Pornographie, Frankfurt: Fischer Taschenbuch Verlag 1990, S. 181-187

dies., PorNo: Opfer und Täter, Gegenwehr und Backlash, Verantwortung und Gesetz, Köln: Kiepenheuer & Witsch 1994 (sic!)

dies. (Hg.), PorNo, Emma Sonderband 5 (1998), Köln: Emma 1988 (Zusammenstellung von Emma-Artikeln 1987-1988 und 1978-1979)

dies., „Ruferin gegen das Wüste", in: Das Magazin (Zürich) 21/2007, hier nach http://www.dasmagazin.ch/index.php/Ruferin_gegen_das_Wüste (Wöchentliche Beilage des ‚Tages-Anzeigers', der ‚Basler Zeitung', der ‚Berner Zeitung' und des ‚Solothurner Tagblatts')

Christine *Stark*, „Girls to Boyz: Sex Radical Women Promoting Pornography and Prostitution", in: Rebecca Whisnant, Not for Sale: Feminists Resisting Prostitution and Pornography, North Melbourne: Spinifex Press 2004, S. 278-291

Christine *Stark*/Rebecca Whisnant, Not For Sale: Feminists Resisting Prostitution and Pornography, North Melbourne: Spinifex Press 2004

Wendy *Stock*, „The Effects of Pornography on Women", in: Laura J. Lederer/Richard Delgado (Hg.), The Price we Pay: The Case against Racist Speech, Hate Propaganda, and Pornography, New York: Hill and Wang 1995, S. 80-88

Corinne *Sweet*, „Pornography and Addiction: A Political Issue", in: Catherine Itzin (Hg.), Pornography: Women, Violence and Civil Liberties, Oxford: Oxford Univ. Press 1993², S. 179-200

Rebecca *Whisnant*, Not for Sale: Feminists Resisting Prostitution and Pornography, North Melbourne: Spinifex Press 2004

Linda *Williams*, Hard-Core: Macht, Lust und die Traditionen des pornographischen Films, Basel: Stroemfeld 1995

Olivia *Young*, „A Weapon to Weaken: Pornography in the Workplace", in: Laura J. Lederer/Richard Delgado (Hg.), The Price we Pay: The Case against Racist Speech, Hate Propaganda, and Pornography, New York: Hill and Wang 1995, S. 18-22

Rechtslage

Rechtsquellen: A, D, USA, CAN: http://homepage.univie.ac.at/elisabeth.holzleithner/Linz.htm (am Ende der Seite)

Rechtslage zur Kinderpornografie in D, CH, A: http://de.wikipedia.org/wiki/Kinderpornografie

USA: www.sexbizlaw.com

Hans-Jörg *Albrecht*/Imke Hotter, Rundfunk und Pornographieverbot: Eine (auch rechtsvergleichende) Untersuchung zur Reichweite des Pornographieverbots im Rundfunk im weiteren Sinne. Rechtsgutachten erstellt im Auftrag der Bayerischen Landeszentrale für neue Medien, München: Fischer 2002

Jürgen *Becker* (Hg.), Pornographie ohne Grenzen, Baden-Baden: Nomos-Verlagsgesellschaft 1994

Jean-Christophe *Calmes*, La pornographie et les représentations de la violence en droit pénal: étude des articles 197 et 135 du Code pénal suisse, Basel, Frankfurt: Helbing & Lichtenhahn 1997 (= Diss. Universität Lausanne 1996) (Rechtslage in der Schweiz)

Thorsten *Deblitz*, Die Strafbarkeit der Werbung für pornographische Schriften, Diss. Universität Kiel 1995

Ruth *Eiselsberg*, „Der Pornographie-Begriff in der österreichischen Rechtsordnung", in: Karin Rick/Sylvia Treudl (Hg.), Frauen – Gewalt – Pornographie: Dokumentation zum Symposion, Wien: Wiener Frauenverlag 1989, S. 131-140

Hubertus *Gersdorf*, „Pornographieverbot im Fernsehen und Verfassungsrecht", in: Harald Koch (Hg.), Recht zwischen Verfahren und materieller Wertung: Rostocker Abschieds- und Antrittsvorlesungen 1999-2004, Berlin: Berliner Wissenschafts-Verlag 2005, S. 19-31

Marjorie *Heins*, „Sex and the Law", in: Peter Lehman (Hg.), Pornography: Film and Culture. New Brunswick: Rutgers University Press 2006, S. 168-188

Catherine *Itzin*, „A Legal Definition of Pornography", in: dies. (Hg.), Pornography: Women, Violence and Civil Liberties, Oxford: Oxford Univ. Press 1993^2, S. 435-455

Thomas C. *Mackey*, Pornography on Trial: A Sourcebook with Cases, Laws, and Documents, Indianapolis: Hackett Publ. 2005

Gerhard *Merkl*, „Pornographie ohne Grenzen: Statement", in: Jürgen Becker (Hg.), Pornographie ohne Grenzen, Baden-Baden: Nomos-Verlagsgesellschaft 1994, S. 14-49

Stefan *Pooth*, Jugendschutz im Internet, Hamburg: Verlag Dr. Kovac 2005

Stephen C. *Roberds*, „Technology, Obscenity, and the Law", in: Dennis D. Waskul, Net.seXXX: Readings on Sex, Pornography, and the Internet, New York: Lang 2004, S. 295-315

Kevin *Rockett*, Irish Film Censorship: A Cultural Journey from Silent Cinema to Internet Pornography, Dublin: Four Courts 2004

Marcus *Schreibauer*, Das Pornographieverbot nach § 184 StGB: Grundlagen – Tatbestandsprobleme – Reformvorschläge. Theorie und Forschung 594, Regensburg: S. Roderer 1999

Friedrich-Christian *Schroeder*, „Pornographie, 2. Rechtlich“, in: Lexikon der Bioethik Bd. 3, Gütersloh: Gütersloher Verlagshaus 1998, S. 37-38

Dick *Thornburgh*/Herbert S. Lin (Hg.), Youth, Pornography and the Internet, Washington, D.C.: National Academies Press 2002, S. 84-114

Nadine *Van Ngoc*/Kurt Seikowski, „Sexualität und Kriminalität im Internet“, in: Kurt Seikowski (Hg.), Sexualität und neue Medien, Lengerich u.a.: Pabst Science Publ. 2005, S. 133-149

Ulrich *Vultejus*, „Die Pornographie: Ein neuer Markt und seine Grenzen“, in: *Universitas* 53 (1998), S. 859-870

Gegen Pornografie (säkular)

familiesagainstporn.tripod.com
www.nationalcoalition.org
www.pbs.org/wgbh/pages/frontline/shows/porn/
www.lightedcandle.org
www.afa.net/pornography
www.oneangrygirl.net/antiporn.html
www.puremorality.org

Gary R. *Brooks*, The Centerfold Syndrome: How Men Can Overcome Objectification and Achieve Intimacy with Women, San Francisco: Jossey-Bass Publ. 1995

Ingmar *Höhmann*, „Internetsucht wird zum Massenphänomen ... Forscher schlagen Alarm und fordern politische Unterstützung“, in: *Die Welt* vom 24.7.2007, S. 4

Michael *Kimmel* (Hg.), Men Confront Pornography, New York: Crown Publ. 1990

Laura J. *Lederer*/Richard Delgado (Hg.), The Price we Pay: The Case against Racist Speech, Hate Propaganda, and Pornography, Hill and Wang: New York 1995

Linda *Lovelace*, Ich bin frei, München: Heyne 1987 (engl. Titel: Out of Bondage)

dies., Die Wahrheit über Deep Throat, München: Heyne 2005; frühere Ausgabe: Ich packe aus. München: Heyne 1987[10]; 1980[1] (engl. Titel: Ordeal)

Pamela *Paul*, Pornified: How Pornography is Damaging Our Lives, Our

Relationships, and Our Families, New York: Henry Holt & Company 2005

Diana E. H. *Russell*, Against Pornography: The Evidence of Harm. Berkeley (CA): Russell Pub. 1993; Auszug „Pornography as a Cause of Rape“ unter www.dianarussell.com/porntoc.html

Daniel *Weiss*, „Pornography: Harmless Fun or Public Health Hazard?“, Testimony at the May 19, 2005 Summit on Pornography: Obscenity Enforcement, Corporate Participation and Violence against Women and Children des US-Kongresses, www.family.org/socialissues/A000001158.cfm, auch unter www.faithsite.com/uploads/1312/67905.pdf und www.citizenlink.org/FOSI/pornography/A000000855.cfm

Gegen Pornografie (christlich/theologisch)

www.americandecency.org
www.sociosite.org/pornography.php
www.manontheroad.org
www.porn-free.org
www.pureintimacy.org
www.xxxchurch.com

Evangelisch

J. N. D. *Anderson*, Morality, Law and Grace. London: Tyndale Press 1972, S. 43-46

John H. *Court*, Pornography: A Christian Critique, Downers Grove: InterVarsity Press & Exeter: Paternoster Press 1980

ders., „Pornography“, in: David J. Atkinson/David H. Field (Hg.), New Dictionary of Christian Ethics and Pastoral Theology, Downers Grove (IL): InterVarsity Press 1995, S. 675-677

James C. *Dobson*. „Enough is Enough“, in: Tom Minnery (Hg.), Pornography: A Human Tragedy, Wheaton: Tyndale House 1986, S. 31-55

Colonel V. *Doner*, The Samaritan Strategy: A New Agenda For Christian Activism, Brentwood: Wolgemuth & Hyatt 1988, S. 175ff

Edythe *Draper* (Hg.), The Almanac of the Christian World (1991-1992 Edition), Wheaton: Tyndale House 1990, S. 793-799

Tom *Minnery* (Hg.), Pornography: A Human Tragedy, Wheaton, Tyndale House 1986

Rousas J. *Rushdoony*, „Images, Ikons, and Pin-ups“, in: *Journal of Christian Reconstruction* Vol. I, No. (Summer 1974): Symposium on

Creation, S. 141-144
Thomas *Schirrmacher*, Ethik. Nürnberg: VTR 2002[3]; Bd. 3, S. 19-37; Bd. 4, S. 435-510
ders./Christa Meves, Ausverkaufte Würde: Der Pornographieboom und seine Folgen, Holzgerlingen: Hänssler 2000
Markus *Spieker*; „Per Mausklick nach Sodom", in: ideaSpektrum 8/2002, S. 16-19 (und ff Artikel)
„The Victims Speak", in: Tom Minnery (Hg.), Pornography: A Human Tragedy, Wheaton: Tyndale House 1986, S. 163-183

Katholisch

http://www.vatican.va/holy_father/john_paul_ii/speeches/1992/january/documents/hf_jp-ii_spe_19920130_pornography_en.html
http://www.vatican.va/roman_curia/pontifical_councils/pccs/documents/rc_pc_pccs_doc_07051989_pornography_en.html

Robert William *Finn*, „Hirtenbrief ‚Blessed Are The Pure In Heart'" über die Würde des Menschen und die Gefahren der Pornografie vom 21. Februar 2007", www.kath-info.de/pornografie.html
Father John *Flynn*, „Pornography Plague: Bishops Concerned Over Effects on Society and Marriage", Pressemeldung *Zenit* vom 10.12.2006, www.zenit.org/article-18410?l=english
Katechismus der katholischen Kirche, Oldenbourg: München 1993, S. 595. Nr. 2354
Paul S. *Loverde*, „Bought with a Price: Pornography and the Attack on the Living Temple of God". Pastoralbrief des Katholischen Bischofs von Arlington vom 30.11.2006, 23 S., www.arlingtondiocese.org/offices/communications/boughtprice.html
Päpstlicher Rat für die sozialen Kommunikationsmittel. Pornographie und Gewalt in den Kommunikationsmedien, Bonn: Sekretariat der Deutschen Bischofskonferenz 1989

Kinderpornografie

Siehe auch den Kasten „Meldestellen für Kinderpornografie" auf Seite 118-119.
www.nch.org.uk
www.nationalcoalition.org
www.innocenceindanger.com
www.antichildporn.org
www.aktiv-fuer-kinder.de/index.php?id=1741
http://www.jugendschutz.net/pdf/Ein_Netz_fuer_Kinder.pdf

Jährlicher Bericht der US-Regierung seit 2001: Trafficking in Persons Report, zuletzt www.state.gov/g/tip/rls/tiprpt/2006/
Zeitschrift: Internet Pornography and Child Exploitation 8 (2007) (Justizministerium der USA)

John *Carr*, Child Abuse, Child Pornography and the Internet, London: NCH (National Child Home) 2003, auch unter www.make-it-safe.net/eng/pdf/Child_pornography_internet_Carr2004.pdf
Sharon W. *Cooper* u. a. (Hg.), Medical and Legal Aspects of Child Sexual Exploitation: A Comprehensive Review of Child Pornography, Child Prostitution and Internet Crimes Against Children, Saint Louis: GW Medical Publishing 2004
Matthias *Dietz-Lenssen*, „Kinderpornographie im Internet", in: Margrit Lenssen/Elke Stolzenburg (Hg.), Schaulust: Erotik und Pornographie in den Medien, Opladen: Leske + Budrich 1997, S. 91-114
Detlef *Drewes*, Kinder im Datennetz. Pornographie und Prostitution in den neuen Medien, Frankfurt: Eichborn 1995
Michele *Elliott*, „Images of Children in the Media: ‚Soft Kiddie Porn'", in: Catherine Itzin (Hg.), Pornography: Women, Violence and Civil Liberties, Oxford: Oxford Univ. Press 1993², S. 217-221
Adolf *Gallwitz*/Bernhild Manske-Herlyn (Hg.), Kinderpornographie, Villingen-Schwenningen: Fachhochschule Villingen-Schwenningen Hochschule für Polizei 1999
Marie-Claire *Hesselbarth*/Torsten Haag, Kinderpornografie. Interdisziplinäre Polizeiforschung 1, Frankfurt: Verlag für Polizeiwissenschaft 2004
Dennis *Howitt*/Kerry Sheldon, Sex Offenders and the Internet, New York: Wiley 2007
Liz *Kelly*, „Pornography and Child Abuse", in: Catherine Itzin (Hg.), Pornography: Women, Violence and Civil Liberties, Oxford: Oxford Univ. Press 1993², S. 113-123
Korinna *Kuhnen*, Kinderpornographie und Internet: Medium als Wegbereiter für das (pädo-)sexuelle Interesse am Kind?, Göttingen: Hogrefe 2007
Margrit *Lenssen*, „Kinderpornographie im Internet", in: Margrit Lenssen/Elke Stolzenburg (Hg.), Schaulust: Erotik und Pornographie in den Medien, Opladen: Leske + Budrich 1997, S. 91-114
Renate *Sänger*/Reiner Laschet/Gisela Zorn-Lingnau, „Kinderpornographie und Frühprostitution", in: *Kind, Jugend und Gesellschaft* (1994) 2, S. 43-55; S. 44 zitiert nach Gisela Wuttke, Kinderprostitution, Kinderpornographie, Tourismus, Göttingen: Lamuv 1998

Save the Children Europe Group, Position paper on child pornography and Internet-related sexual exploitation of Children, 26 S., Brüssel: Save the Children 2003 (www.inhope.org/doc/stc-pp-cp.pdf)

Michael *Schetsche* „Internetkriminalität", in: Martina Althoff (Hg.), Zwischen Anomie und Inszenierung, Baden-Baden: Nomos Verlagsgesellschaft 2004, S. 307-329

Caroline *Sullivan*, Internet Traders of Child Pornography: Profiling Research. New Zealand's Department of Internal Affairs, Oktober 2005 (die gleichlautende Basisstudie von 2004 unter www.dia.govt.nz/diawebsite.nsf/wpg_URL/Resource-material-Our-Research-and-Reports-Internet-Traders-of-Child-Pornography-and-other-Censorship-Offenders-in-New-Zealand?OpenDocument, dort auch die Studien zu 2005 und 2007, letztere: www.dia.govt.nz/Pubforms.nsf/URL/Profilingupdate3.pdf/$file/Profilingupdate3.pdf)

Tim *Tae*, „The Child Pornography Industry: International Trade in Child Sexual Abuse", in: Catherine Itzin (Hg.), Pornography: Women, Violence and Civil Liberties, Oxford: Oxford Univ. Press 1993^2, S. 203-216

Janis *Wolak*/David Finkelhor/Kimberley J. Mitchell, Child Pornography Possessors Arrested in Internet-Related Crimes: Findings from the National Juvenile Online Victimization Study, Virginia: National Center for Missing & Exploited Children 2005 (www.icmec.org/en_X1/pdf/ModelLegislationFinal.pdf = www.unh.edu/ccrc/pdf/jvq/CV81.pdf)

dies., „The Varieties of Child Pornography Production", in: Ethel Quayle/Max Taylor (Hg.), Viewing Child Pornography on the Internet: Understanding the Offense, Managing the Offender, Helping the Victims, Dorset: Russell House Publ. 2005, S. 31-48

dies., „Internet-initiated Sex Crimes Against Minors: Implications for Prevention Based on findings from a National Study", in: *Journal of Adolescent Health* 35 (2004), S. 11-20, auch unter www.unh.edu/ccrc/pdf/CV71.pdf

Gisela *Wuttke*, Kinderprostitution, Kinderpornographie, Tourismus, Göttingen: Lamuv 1998

dies., Pornografie an Kindern: Die Folgen und Wirkungen von Kinderpornografie, Opladen: Leske + Budrich 2003

dies., „Vom Sextourismus zur Kinderpornografie", in: *Aus Politik und Zeitgeschichte* (Beilage zu *Das Parlament*) B 17-18/2000, S. 13-20

Pädophilie

Christian *Brandt*, Das Phänomen Pädophilie, Marburg: Tectum-Verlag 2003

Claudia *Bundschuh*, Pädosexualität, Opladen: Leske + Budrich 2001

Robert E. *Freeman-Longo*/Gerald T. Blanchard, Sexual Abuse in America: Epidemic of the 21st Century, Brandon: Safer Society Press 1998

Adolf *Gallwitz*/Manfred Paulus, Grünkram: Die Kinder-Sex-Mafia in Deutschland, Hilden: Verlag Deutsche Polizeiliteratur 1997

Claus *Geissmar*, „Berichte über Kinderschänder in Hilfsorganisationen: Pädophile nutzen ihre Stellung als Helfer schamlos aus", in: *Die Welt* vom 28.7.1999, S. 16

Alexander *Haide*, Stoppt die Kinderschänder: Die Opfer – die Täter – das Millionengeschäft, St. Andrä-Wördern (Österreich): Verlag Kleindienst 2003

Dennis *Howitt*/Kerry Sheldon, Sex Offenders and the Internet, New York: Wiley 2007

Ron O'*Grady*, Die Vergewaltigung der Wehrlosen: Sextourismus und Kinderprostitution, Bad Honnef: Horlemann 1997, bes. S. 80-88

Susann *Remke*/Angela Hachmeister, „Die dunkle Seite der Modeszene: Die weltweit größte Agentur ‚Elite' soll minderjährige Models sexuell ausgebeutet und mit Drogen versorgt haben", in: *Die Welt* vom 25.11.1999, S. 40

Save the Children Europe Group, Position paper on child pornography and Internet-related sexual exploitation of Children, 26 S., Brüssel: Save the Children 2003 (www.inhope.org/doc/stc-pp-cp.pdf)

Thomas *Schirrmacher*, Ethik, Nürnberg: VTR, 2002[3]; Bd. 4, S. 435-459; Bd. 3, S. 19-37

Martina *Timmermann*/Tina Pfeiffer, Im Kampf gegen Kinderhandel und Kinderprostitution: Japan, Thailand, Philippinen, Indonesien, Hamburg: Deutsches Übersee-Institut 2003

„Übereinkommen und Empfehlung über die schlimmsten Formen der Kinderarbeit 1999" (= „Übereinkommen 182"), in: *Die Welt der Arbeit*, Nr. 30 (Juli 1999), S. 17-20

Horst *Vogt*, Pädophilie: Leipziger Studie zur gesellschaftlichen und psychischen Situation pädophiler Männer, Lengerich: Pabst Science Publ. 2006

Birgit *Warzecha*, Traumatisierung im Kindesalter: Kindesmisshandlung, sexuelle Gewalt, Pädophilie. Hamburg: LIT 1999

Gisela *Wuttke*, Kinderprostitution, Kinderpornographie, Tourismus, Göttingen: Lamuv 1998, bes. S. 108-139

Jugendliche und Kinder und Internetpornografie

Siehe auch den Kasten zur Filtersoftware auf Seite 65.

Literaturliste USA: http://www.utexas.edu/research/critc/reprints.html

D. O. *Adebayo*/I. B. Udegbe/A. M. Sunmola, „Gender, Internet Use, and Sexual Behavior Orientation among Young Nigerians", in: *Cyber-Psychology & Behavior* 9 (2006) 6, S. 742-752, auch unter www.liebertonline.com/doi/abs/10.1089/cpb.2006.9.742

Jane D. *Brown* u. v. a., „Sexy Media Matter: Exposure to Sexual Content in Music, Movies, Television, and Magazines Predicts Black and White Adolescents' Sexual Behavior", in: *Pediatrics* 117 (2006), S. 1018-1027; Kurzfassung unter pediatrics.aappublications.org/cgi/content/full/117/4/1018

Victor B. *Cline*, Pornography's Effects on Adults and Children, New York: Morality in Media 1999

Stefan C. *Dombrowski*/Karen L. Gischlar/Theo Durst, „Safeguarding Young People From Cyber Pornography and Cyber Sexual Predation", in: *Child Abuse Review* 16 (2007), S. 153-170

David *Finkelhor*/Janis Wolak, „Reporting Assaults Against Juveniles to the Police", in: *Journal of Interpersonal Violence* 18 (2003), S. 103-128

Michael *Flood*, „Exposure to Pornography Among Youth in Australia", in: *Journal of Sociology* 43 (2007), S. 45-60

Robert E. *Freeman-Longo*, „Children, Teens, and Sex on the Internet", in: Al Cooper (Hg.), Cybersex: The Dark Side of the Force, in: *Journal of Sexual Addiction & Compulsivity* - Special Issue Philadelphia: Brunner-Routledge 2000, S. 75-90

Thomas M. *Goerlich*/Thilo Grimm, „Cam-Chat-Erfahrungen - User berichten", in: Kurt Seikowski (Hg.), Sexualität und neue Medien, Lengerich u.a.: Pabst Science Publ. 2005, S. 122-132

Bradley S. *Greenberg* (Hg.), Media, Sex and the Adolescent, Cresskill: Hampton Press 1993

Patricia M. *Greenfield*/Sandra L. Calvert (Hg.), Developing Children, Developing Media: Research from Television to the Internet from the Children's Digital Media Center: A Special Issue Dedicated to the Memory of Rodney R. Cocking, *Journal of Applied Developmental Psychology* 25 (2004) 6 (ganz), S. 627-769

E. *Häggström-Nordin*/U. Hanson/Tanja Tydén, „Associations Between Pornography Consumption and Sexual Practices among Adolescents in Sweden", in: *International Journal of STD & AIDS* 16 (2005), S. 102-107

Linda J. *Hofschire*/Bradley S. Greenberg, „Media's Impact on Adoslescents' Body Dissatisfaction", in: Jane D. Brown/Jeanne R. Steele/ Kim Walsh-Childers (Hg.), Sexual Teens, Sexual Media: Investigating Media's Influence on Adolescent Sexuality, Mahwah: Erlbaum 2002, S. 125-152

Aletha C. *Huston*/Ellen Wartella/Edward Donnerstein, Measuring the Effects of Sexual Content in the Media: A Report to the Kaiser Family Foundation, Oakland: The Kaiser Family Foundation 1998, http://www.kff.org/entmedia/loader.cfm?url=/commonspot/security/getfile.cfm&PageID=14624

Venhwei *Lo*/Ran Wei, „Exposure to Internet Pornography and Taiwanese Adolescents' Sexual Attitudes and Behavior", in: *Journal of Broadcasting & Electronic Media* 49 (2005) 2, S. 221-237

Kimberly J. *Mitchell*/David Finkelhor/Janis Wolak, „The Exposure of Youth to Unwanted Sexual Material on the Internet: A National Survey of Risk, Impact, and Prevention", in: *Youth & Society* 34 (2003), S. 330-358

dies., „Protecting Youth Online: Family use of Filtering and Blocking Software", in: *Child Abuse & Neglect* 29 (2005), S. 753-765

dies., „Trends in Youth Reports of Unwanted Sexual Solicitations, Harassment and Unwanted Exposure to Pornography on the Internet", in: *Journal of Adolescent Health* 40 (2007), S. 116-126

dies., „Victimization of Youth on the Internet", in: *Journal of Aggression, Maltreatment & Trauma* 8 (2003), S. 1-39

dies., „Victimization of Youths on the Internet", in: Janet L. Mullings/ James W. Marquart/Deborah J. Hartley (Hg.), The Victimization of Children: Emerging Issues, Binghamton: Haworth Maltreatment & Trauma Press 2003, S. 1-41

Gitta *Mühlen Achs*, „Schön brav warten auf den Richtigen? Die Inszenierung heterosexueller Romanzen in der Jugendzeitschrift BRAVO", in: Margrit Lenssen/Elke Stolzenburg (Hg.), Schaulust: Erotik und Pornographie in den Medien, Opladen: Leske + Budrich 1997, S. 11-36

Jochen *Peter*/Patti M. Valkenburg, „Adolescents' Exposure to a Sexualized Media Environment and Their Notions of Women as Sex Objects", in: *Sex Roles* 56 (2007), S. 381-395

dies., „Adolescents' Exposure to Sexually Explicit Online Material and Recreational Attitudes Toward Sex", in: *Journal of Communication* 56 (2006), S. 178-204

Stefan *Pooth*, Jugendschutz im Internet, Hamburg: Verlag Dr. Kovac 2005

Andreas *Rose*, Die Wirkung erotischen und pornographischen Bildmaterials auf Junge Erwachsene, Diss. Universität Bamberg 1991

Michael J. *Sutton* u. a., „Shaking the Tree of Knowledge for Forbidden Fruit: Where Adoslescents Learn About Sexuality and Contraception", in: Jane D. Brown/Jeanne R. Steele/Kim Walsh-Childers (Hg.), Sexual Teens, Sexual Media: Investigating Media's Influence on Adolescent Sexuality, Mahwah: Erlbaum 2002, S. 25-58

Dick *Thornburgh*/Herbert S. Lin (Hg.), Youth, Pornography and the Internet, Washington, D.C.: National Academies Press 2002, auch unter bob.nap.edu/html/youth_internet/

Tanja *Tydén*/Christina Rogala, „Sexual Behaviour among Young Men in Sweden and the Impact of Pornography", in: *International Journal of STD & AIDS* 15 (2004), S. 590-593

Wendy A. *Walsh*/Janis Wolak, „Can Nonforcible Sex Crimes be Successfully Prosecuted When Victims are Willing Adolescents?", in: *Child Maltreatment* 10 (2005) 2, S. 1-12, auch unter www.unh.edu/ccrc/pdf/jvq/CV105.pdf

Ellen *Wartella*, „Children and Media: On Growth and Gaps", in: *Mass Communication and Society* 2 (1999), S. 81-88

dies./Nancy Jennings, „New Members of the Family: The Digital Revolution in the Home", in: *Journal of Family Communication* 1 (2001) 1, S. 59-69

Janis *Wolak*/Kimberly J. Mitchell/David Finkelhor, „Unwanted and Wanted Exposure to Pornography in a National Sample of Youth Internet Users", in: *Pediatrics* 119 (2007), S. 247-257

dies., Online Victimization of Youth: Five Years Later. Report 07-06-025, Alexandria: National Center for Missing & Exploited Children 2006

dies., National Juvenile Online Victimization Study (N-JOV): Methodology Report, Durham: Crimes against Children Research Center, University of New Hampshire, 2003, www.unh.edu/ccrc/pdf/jvq/CV72.pdf

Stuart *Wolpert*, Teenagers Find Information About Sex on the Internet When They Look for It – And When They Don't, UCLA's Children's Digital Media Center Reports, Pressemeldung vom 27.1.2005, UCLA News, http://newsroom.ucla.edu/page.asp?RelNum=5876

Michelle L. *Ybarra*/Kimberly J. Mitchell, „Exposure to Internet Pornography among Children and Adolescents: A National Survey", in: *CyberPsychology & Behavior* 8 (2005) 5, S. 473-486

Michelle L. *Ybarra*/Kimberly J. Mitchell/David Finkelhor/Janis Wolak,

„Internet Prevention Messages: Are We Targeting the Right Behaviors?“, in: *Archives of Pediatrics & Adolescent Medicine* 161 (2007), S. 138-145
dies., „Examining Characteristics and Associated Distress Related to Internet Harassment: Findings from the Second Youth Internet Safety Survey“, in: *Pediatrics* 118 (2006), S. 1169-1177

Zum Sinn von Filtersoftware:

Stefan C. *Dombrowski*/Karen L. Gischlar/Theo Durst, „Safeguarding Young People From Cyber Pornography and Cyber Sexual Predation“, in: *Child Abuse Review* 16 (2007), S. 153-170
Kimberly J. *Mitchell*/David Finkelhor/Janis Wolak, „Protecting Youth Online: Family use of Filtering and Blocking Software“, in: *Child Abuse & Neglect* 29 (2005), S. 753-765

Pornografie außerhalb des Internet (vorwiegend in Bezug auf Jugendliche)

Jeffrey J. *Arnett*, „The Sounds of Sex: Sex in Teens' Music and Music Videos“, in: Jane D. Brown/Jeanne R. Steele/Kim Walsh-Childers (Hg.), Sexual Teens, Sexual Media: Investigating Media's Influence on Adolescent Sexuality, Mahwah: Erlbaum 2002, S. 253-264
Richard L. *Baxter* u. a., „A Content Analysis of Music Videos“, in: *Journal of Broadcasting and Electronic Media* 29 (1985): 333-340
Jane D. *Brown*/Jeanne R. Steele/Kim Walsh-Childers (Hg.), Sexual Teens, Sexual Media: Investigating Media's Influence on Adolescent Sexuality, Mahwah: Erlbaum, 2002, S. 59-210
Gail *Dines*, „Dirty Business: Playboy Magazine and the Mainstream of Pornography“, in: Gail Dines/Robert Jensen/Ann Russo, Pornography: The Production and Consumption of Inequality, New York: Routledge 1998, S. 37-64
Bradley S. *Greenberg*, „Content Trends in Media Sex“, in: Dolf Zillmann u. a. (Hg.), Media, Children, and the Family, Hillsdale: Lawrence Erlbaum Ass. 1994, S. 165-182
ders. (Hg.), Media, Sex and the Adolescent, Cresskill: Hampton Press 1993
ders./Rick W. Busselle, „Soap Operas and Sexual Activity: A Decade Later“, in: *Journal of Communication* 46 (1996), S. 153-160
ders./David D'Alessio, „Quantity and Quality of Sex in the Soaps“, in: Journal of Broadcasting and Electronic Media 29 (1985), S. 309-321

Robert *Jensen*/Gail Dines, „The Content of Mass-Marketed Pornography“, in: Gail Dines/Robert Jensen/Ann Russo, Pornography: The Production and Consumption of Inequality, New York: Routledge 1998, S. 65-100

Dale *Kunkel*/Kirstie M. Cope/Carolyn Colvin, Sexual Messages on Family Hour Television, Oakland: Children Now & The Henry J. Kaiser Family Foundation 1996, Scan unter www.eric.ed.gov/ERICDocs/data/ericdocs2sql/content_storage_01/0000019b/80/16/b2/cc.pdf, s. auch http://edres.org/eric/ED409080.htm

Sabine *Poltzek*/Jo Reichertz, „Sex als Objekt der Begierde: Die Entwicklung der Kontaktanzeigen in der Stadtillustrierten PRINZ (1987-1994)“, in: Margrit Lenssen/Elke Stolzenburg (Hg.), Schaulust: Erotik und Pornographie in den Medien, Opladen: Leske + Budrich 1997, S. 43-54

Pornografiesucht und Internetsexsucht

www.onlinesucht.de
www.weisses-kreuz.de

Patrick J. *Carnes*/David L. Delmonico/Elizabeth Griffin, In the Shadows of the Net: Breaking Free of Compulsive Online Sexual Behavior, Center City: Hazelden 2001

Victor B. *Cline* (Hg.), Where do you Draw the Line? An Exploration into Media Violence, Pornography, and Censorship, Provo: Brigham Young University Press 1974

ders., Pornography's Effects on Adults and Children, New York: Morality in Media, 1999

Al *Cooper*/David L. Delmonico/Ron Burg, „Cybersex Users, Abusers, and Compulsives: New Findings and Implications“, in: Al Cooper (Hg.), Cybersex: The Dark Side of the Force, *Journal of Sexual Addiction & Compulsivity* – Special Issue Philadelphia: Brunner-Routledge 2000, S. 5-29

ders. u. a., „Online Sexual Problems: Assessment and Predictive Variables“, in: *Sexual Addiction and Compulsivity* 8 (2001), S. 267-285

ders., „Sexuality and the Internet: Surfing into the New Millennium“, in: *CyberPsychology and Behavior* 1 (1998), S. 187-194

David L. *Delmonico*/Patrick J. Carnes, „Virtual Sex Addiction: Why Cybersex Becomes the Drug of Choice“, in: *CyberPsychology and Behavior 2* (1999), S. 457-464

Samuel *Pfeifer*, Internetsucht: Verstehen – Beraten – Bewältigen. Semi-

narheft, Riehen: Psychiatrische Klinik Sonnenhalde 2004
Dan E. *Purnam*/Marlene M. Maheu, „Online Sexual Addiction and Compulsivity", in: Al Cooper (Hg.), Cybersex: The Dark Side of the Force, *Journal of Sexual Addiction & Compulsivity* - Special Issue, Philadelphia: Brunner-Routledge 2000, S. 93-112
Jennifer *Schneider*/Robert Weiss, Cybersex Exposed: Simple Fantasy or Obesession, Center City: Hazelden 2001
Robert *Weiss*/Jennifer Schneider, Untangling the Web: Sex, Porn, and Fantasy Obsession in the Internet Age, New York: Alyson Books 2006
Kimberley S. *Young* u. a., „Online Infidelity", in: Al Cooper (Hg.), Cybersex: The Dark Side of the Force, *Journal of Sexual Addiction & Compulsivity* - Special Issue, Philadelphia: Brunner-Routledge 2000, S. 59-74

Internetsexsucht und Pornografiekonsum überwinden

www.setfreeporn.com
www.victimsofpornography.org
www.no-porn.com
www.kickporn.com
www.shelleylubben.com/index.php?truth=recovery
www.pureintimacy.org
www.xxxchurch.com

Gary R. *Brooks*, The Centerfold Syndrome: How Men Can Overcome Objectification and Achieve Intimacy with Women, San Francisco: Jossey-Bass Publ. 1995
Al *Cooper* (Hg.), Sex and the Internet: A Guidebook for Clinicians, New York: Brunner-Routledge 2000
Wolf *Deling*, Der sexte Sinn: Ein Lebensbericht, Gießen: Brunnen 2004
Marco *Distort*, Pornofalle: Der Weg zur Befreiung, Berneck: Schwengeler 2004 (Bericht/christlich)
Ralph H. *Earle*/Mark R. Laaser, The Pornography Trap: Setting Pastors and Laypersons Free from Sexual Addiction, Kansas City: Beacon Hill Press 2002 (= Ralph H. Earle/Mark R. Laaser, Wenn Bilder süchtig machen, Basel: Brunnen 2005)
Sabine M. *Grüsser*/Ralf Thalemann, Computerspielsüchtig? Rat und Hilfe, Bern: Huber 2006
T. M. *Grundner*, The Skinner Box Effect: Sexual Addiction and Online Pornography, Lincoln: Writers Club Press 2000

Marsha *Means*, Living with Your Husband's Secret Wars, Grand Rapids: Revell 1999/2005
Patrick A. *Means*, Men's Secret Wars, Grand Rapids: Revell 2006
Pamela *Paul*, Pornified: How Pornography is Damaging Our Lives, Our Relationships, and Our Families, New York: Henry Holt & Company 2005, S. 211-238
Samuel *Pfeifer*, Internetsucht: Verstehen – Beraten – Bewältigen, Psychiatrie & Seelsorge Seminarheft, Riehen: Psychiatrische Klinik Sonnenhalde 2004
Henry J. *Rogers*, The Silent War: Ministering to Those Trapped in the Deception of Pornography, Green Forest: New Leaf Press 2000/2003
Robert *Weiss*/Leslie Fisher, Understanding Compulsive Masturbation, The Sexual Recovery Institute 2006, www.sexualrecovery.com/resources/articles/understanding-compulsive-masturbation.php (6.4.2007)

Sexsucht

www.verhaltenssucht.de
www.pureintimacy.org
www.sexualintegrity.org
www.weisses-kreuz.de
www.internet-sexsucht.de

Stephen *Arterburn*/Fred Stoeker, Jeder Mann und die Versuchungen, Holzgerlingen: Hänssler 2004 (= Every Man's Battle, Colorado Springs: Waterbrook Press 2000)
Monika *Breuk*, „Sexsucht", Focus Online 12/2005 (www.focus.de/gesundheit/sexualitaet/erotik/sextrends/sexsucht_aid_15379.html), dazu „Outing: Ich war sexsüchtig" (www.focus.de/gesundheit/sexualitaet/erotik/sextrends/outing_aid_15616.html)
Patrick J. *Carnes*, Out of the Shadows, Wickenburg: The Meadows 1983
ders., Don't Call it Love, New York: Bantam 1991 (= ders., Wenn Sex zur Sucht wird, München: Kösel 1992)
ders., Zerstörerische Lust: Sex als Sucht, München: Heyne 1987[1], 1991[2]
ders., Facing the Shadow: Starting Sexual and Relationship Recovery: A Gentle Path to Beginning Recovery from Sex Addiction, Carefree: Gentle Path Press 2006
ders./Kenneth M. Adams, Clinical Management of Sex Addiction, Philadelphia: Brunner-Routledge 2002

Aviel *Goodman*, Sexual Addiction: An Integrated Approach. Madison: International University Press, 1998

T. M. *Grundner*, The Skinner Box Effect: Sexual Addiction and Online Pornography, Lincoln: Writers Club Press, 2000

Andreas *Hill*/Peter Briken/Wolfgang Berner, „Sexuelle Sucht: Diagnostik, Ätiologie, Behandlung“, in: *Zeitschrift für Sexualforschung* 18 (2005) 2, S. 185-197

Mark R. *Laaser*, Healing the Wounds of Sexual Addiction, Zondervan: Grand Rapids 1996

Anja *Lehmann*, in: „Wenn der Spaß beim Sex aufhört“, in: *Das Parlament* vom 17.01.2005, Download unter www.das-parlament.de/2005/03/Thema/034.html

Kurt-Martin *Mayer*, „Sucht nach Sex“, in: Focus 27/2005, S. 78

Kornelius *Roth*, Wenn Sex süchtig macht, Berlin: Ch. Links Verlag 2004

Sue William Silverman, Liebessucht: Eine Frau überwindet ihre Abhängigkeit vom Sex, München: Marion von Schröder 2002 (Autobiografie)

Internetsucht

www.onlinesucht.de/
gin.uibk.ac.at/gin/freihtml/chatlang.htm
netaddiction.com/
www.stangl-taller.at/ARBEITSBLAETTER/SUCHT/Internetsucht.shtml
http://www.psychiater.org/Internetsucht/ambulanz.htm
www.internet-sexsucht.de

Wolfgang *Bergmann*/Gerald Hüther, Computersüchtig: Kinder im Sog der modernen Medien, Düsseldorf: Patmos 2007[2]

Gabriele *Farke*, Online-Sucht: Wenn chatten und mailen zum Zwang werden, Stuttgart: Kreuz 2003

David N. *Greenfield*, Virtual Addiction: Help for Netheads, Cyberfreaks, and Those Who Love Them, Oakland: New Harbiger Publ. 1999

Sabine M. *Grüsser*/Ralf Thalemann, Computerspielsüchtig? Rat und Hilfe, Bern: Huber 2006

Silvia *Kratzer*, Pathologische Internetnutzung, Lengerich: Pabst 2006

Samuel *Pfeifer*, Internetsucht: Verstehen – Beraten – Bewältigen, Psychiatrie & Seelsorge Seminarheft, Riehen: Psychiatrische Klinik Sonnenhalde 2004

Nicola *Thommes*, Onlinesucht am Arbeitsplatz: Die Bewertung aus der Sicht des Sektors Unternehmen, Saarbrücken: VDM Verlag Dr. Müller 2007

Stephen O. *Watters*, Real Solutions for Overcoming Internet Addictions, Ann Arbor: Servant Publ. 2001 (Pornografie S. 77-90)

Doug *Weiss*, The Final Freedom: Pioneering Sexual Addiction Recovery, Forth Worth: Discovery Press 1998

Kimberly S. *Young*, Caught in the Net: How to Recognize the Signs of Internet Addiction and a Winning Strategy for Recovery, New York: John Wiley & Sons 1998

Pastoren

Ralph H. *Earle*/Mark R. Laaser, Wenn Bilder süchtig machen, Basel: Brunnen 2005 (= Ralph H. Earle/Mark R. Laaser, The Pornography Trap: Setting Pastors and Laypersons Free from Sexual Addiction, Kansas City: Beacon Hill Press 2002)

Christine J. *Gardner*, „Tangled in the Worst of the Net: What Internet Porn Did to One Pastor ...", in: *Christianity Today* 5.3.2001, S. 42-49

Sue *King*, „The Impact of Compulsive Sexual Behaviors on Clergy Marriages: Perspectives and Concerns of the Pastor's Wife", in: *Journal of Sexual Addiction & Compulsivity* 10 (2003), S. 193-199

Mark R. *Laaser*, „Sexual Addiction and Clergy", in: *Pastoral Psychology* 39 (1991) March (4), S. 213-235

Patrick A. *Means*, Men's Secret Wars, Grand Rapids: Revell 2006

„More Sex, Please", *Leadership Journal* Preview 1.1.2005 (www.ctlibrary.com/le/2005/winter/4.7.html and www.ctlibrary.com/33642) und *Leadership Journal* 26 (2005) 1 (Winter 2005)

„Pastors Viewing Internet Pornography", in: *The Leadership Survey*, Leadership Winter 2001, S. 89-94

George *Verwer*, „A Wretch Like Me", in: *Leadership Journal* (Beilage zu *Christianity Today*) 22 (2001) 2, S. 52, jetzt unter www.georgeverwer.com/ip.php?tp=wretch = www.thinkwow.com/gv/wretch_like_me.htm

Fußnoten

1 *idea*-Pressemeldung vom 3.4.2007 über eine Sendung der ARD vom 1.4.2007

2 Ingmar *Höhmann*, „Internetsucht wird zum Massenphänomen ... Forscher schlagen Alarm und fordern politische Unterstützung", in: *Die Welt* vom 24.7.2007, S. 4

3 „Immer mehr SexSucht im Internet", in: *Express* vom 2.5.2005

4 Caroline *Fetscher*, „Pornografisierte Gesellschaft", in: *Der Tagesspiegel* vom 12.4.2007; www.tagesspiegel.de/medien-news/Medien;art290,2033911

5 Ariadne *von Schirach*, Der Tanz um die Lust, München: Goldmann 2007[3], S. 17

6 ebd. S. 57

7 ebd. S. 367

8 man fragt sich, warum sie das Buch schreibt, denn die Autorin will niemandem von irgendetwas abraten, geschweige denn etwas verbieten. So schreibt sie ebd. S. 55 über einen angeblich langweiligen Porno: „Man will schon was sehen, wenn man einen Porno guckt."

9 Gisela *Breitling*, „Pornographische Gesellschaft mit beschränkter Haftung", in: Karin *Rick*/Sylvia *Treudl* (Hg.), Frauen – Gewalt – Pornographie, Wien: Wiener Frauenverlag 2007, S. 141-156

10 Pamela *Paul*, Pornified: How Pornography is Damaging Our Lives, Our Relationships, and Our Families, New York: Henry Holt & Company 2005

11 vgl. Gail *Dines*, „Dirty Business: Playboy Magazine and the Mainstream of Pornography", in: Gail *Dines*/ Robert *Jensen*/Ann *Russo*, Pornography: The Production and Consumption of Inequality, New York: Routledge 1998, S. 37-64

12 Kornelius *Roth*, Wenn Sex süchtig macht, Berlin: Ch. Links Verlag 2004, S. 22

13 vgl. die etwas älteren Studien: Lothar *Mikos*, „Körper-Begegnungen: Die Erotik inszenierter Körper beim Sport im Fernsehen", in: Margrit *Lenssen*/Elke *Stolzenburg* (Hg.), Schaulust: Erotik und Pornographie in den Medien, Opladen: Leske + Budrich 1997, S. 37-42; Allen *Guttman*, The Erotic in Sports, New York: Columbia University Press 1996; Manfred *Schneider*, „Die Erotik des Fernsehsports: Beobachtungen zur Liturgie alltäglicher heroischer Ereignisse", in: *Merkur* 47 (1993) Nr. 534/535, S. 864-874

14 für Großbritannien berechnete Nielsen *NetRating* etwa in einer gesonderten Erhebung Mitte 2006: 9 Mio. Männer – das sind 40% aller Männer - und 1,4 Mio. Frauen haben in den letzten 12 Monaten Pornobilder heruntergeladen. 7 Mio. Minderjährige, also mehr als die Hälfte, sahen pornografische Seiten im Internet (nach Anthony *Barnes*/Sophie *Goodchild*, „Porn UK", in: *The Independent on Sunday* vom 25.6.2006 - news.independent.co.uk/uk/this_britain/article620728.ece und den Angaben unter www.nielsen-netratings.com [gebührenpflichtig])

15 statistische Zahlen rund um die Pornografienutzung finden sich unter internet-filter-review.toptenreviews.com/internet-pornography-statistics.html – diese überwiegend aufgrund von www.nielsen-netratings.com; vgl. weiter www.blazinggrace.org/pornstatistics.htm; Pornography Statistics 2006. Family Safe Media: www.familysafemedia.com; www.nationalcoalition.org/resourcesservices/stat.html; vgl. Richard *Procida*/Rita J. *Simon*, Global Perspectives on Social Issues: Pornography, Lanham, Lexington Books 2003

16 „Im Internet gibt's nicht nur Sex", in: *Die Welt* vom 15.11.2006

17 vgl. auch Andreas *Hill*/Peter *Briken*/Wolfgang *Berner*, „Pornographie im Internet – Ersatz oder Anreiz für Gewalt?", in: Internet-Devianz: Reader, Stiftung Deutsches Forum für Kriminalprävention: Berlin 2006, S. 113.

18 Steven *Stack*/Ira *Wassermann*/Roder *Kern*, „Adult Social Bonds and Use of Internet Pornography", in: *Social Science Quarterly* 85 (2004), S. 75

19 nach Rebecca *Hagelin*, „Overdosing on Porn", in: *The World and I* 3/2004: http://www.worldandi.com/specialreport/2004/march/Sa23779.htm (nur gegen Gebühr)

20 Stand 2002; nach Jakob Pastötter, Erotic Home Entertainment und Zivilisationsprozess: Analyse des postindustriellen Phänomens Hardcore-Pornographie, Wiesbaden: Deutscher Universitäts-Verlag 2003, S. 55-56

21 nach Sibylle *Fritsch*/Axel *Wolf*, „Der schwierige Umgang mit der Lust: Auf der Suche nach dem richtigen Maß", in: *Psychologie Heute* 33 (2000) 8, S. 26

22 Cassel *Bryan-Low*/David Pringle, „Sex Cells: Wireless Operators Find That Racy Cellphone Video Drives Surge in Broadband Use", in: *The Wall Street Journal* vom 12.5.2005, zum Download unter online.wsj.com

23 ebd.

24 Tom *Schimmeck*, „Zwischen Barbie und Bardot", in: *Spiegel Special* 3/1998, S. 16

25 ebd.

26 vgl. de.wikipedia.org/wiki/Japanische_Pornografie und die dort genannten Links. vgl. zu den negativen Folgen der Pornografie in Japan: Seiya *Morita*, „Pornography, Prostitution, and women's human rights in Japan", in: Rebecca *Whisnant*, Not for Sale: Feminists Resisting Prostitution and Pornography, North Melbourne: Spinifex Press 2004, S. 64-84 und die dort genannte Literatur

27 *Schimmeck*, a. a. O, S. 20; vgl. Joel *Powell Dahlquist*/Lee Garth *Vigilant*, „Way Better Than Real: Manga Sex to Tentacle Hentai", S. 91-103, in: Dennis D. *Waskul*, Net.seXXX: Readings on Sex, Pornography, and the Internet, New York: Lang 2004 und die dort genannte Literatur

28 vgl. Marie-Françoise *Hans*/Gilles *Lapouge* (Hg.), Die Frauen-Pornographie und Erotik: Interviews, Darmstadt & Neuwied: Luchterhand 1982

29 Corinna *Rückert*, Frauenpornographie: Pornographie von Frauen für Frauen: Eine kulturwissenschaftliche Studie, Frankfurt: Lang 2000, zur Verbreitung: S. 132-162, zum internationalen Markt: S. 150, zu den „Frauen-Erotik-Shops": S. 134-136. Zur weltweiten Lage vgl. Frederick S. *Lane*, Obscene Profits: The Entrepreneurs of Pornography in the Cyber Age, New York: Routledge 2000, S. 101-105, und *Paul*, Pornified, S. 116

30 vgl. ebd. S. 116

31 so auch internet-filter-review.toptenreviews.com/internet-pornography-statistics.html

32 nach ebd.

33 Jennifer *Schneider*/Robert *Weiss*, Cybersex Exposed: Simple Fantasy or Obesession, Center City: Hazelden 2001, S. 83-84

34 *Lane*, Obscene Profits, S. 105

35 Jakob *Pastötter*, „Generation Porno: Schmuddelfilme als Vorbild: Die Gewalt in Hardcore-Videos beeinflusst das Sexleben von Jugendlichen in Deutschland", in: *Der Tagesspiegel* vom 4.3.2007; www.tagesspiegel.de/meinung/Kommentare;art141,1891463

36 www.pbs.org/wgbh/pages/frontline/shows/porn/business/; *Lane*, Obscene Profits; David *Hebditch*/Nick *Anning*, Porn Gold: Die Geschäfte mit der Pornographie: Eine Billionen-Dollar-Story, Wien: Jugend und Volk 1989

37 Janet M. *LaRue*, „Obscenity and the First Amendment" (Vortrag),

Summit on Pornography, Rayburn House Office Building, Room 2322, am 19. Mai 2005, Concerned Women for America: www.cwfa.org/articles/8196/CWA/pornography/index.htm (auch als Audio-Datei)

38 nach internet-filter-review.toptenreviews.com/internet-pornography-statistics.html und http://www.netzeitung.de/wirtschaft/unternehmen/601010.html

39 dass es Pornografie bereits vor Erfindung der Fotografie gab, belegen die Aufsätze zur Situation in Italien, England, Frankreich und den Niederlanden in Lynn *Hunt* (Hg.), The Invention of Pornography: Obscenity and the Origin of Modernity, 1500-1800, New York: Zone Books 1993, darin bes. Lynn *Hunt*, „Introduction", S. 9-40, und Paula *Findlen*, „Humanism, Politics and Pornography in Renaissance Italy", S. 49-108 (deutsche Ausgabe: Lynn *Hunt* (Hg.), Die Erfindung der Pornographie, Frankfurt: Fischer Taschenbuch, 1994), sowie Svenja *Flaßpöhler*, Der Wille zur Lust: Pornographie und das moderne Subjekt, Frankfurt: Campus 2007. (Vgl. weitere Literatur zur Geschichte der Pornografie im Lit.-Verz. unter „Geschichte und Wirtschaftsgeschichte")

40 vgl. Bettina *Bremme*, Sexualität im Zerrspiegel: Die Debatte um Pornographie, Münster: Waxmann 1990, S. 40-46 („Pornographie und Literatur")

41 vgl. ebd. S. 54-55

42 Rodger *Streitmatter*, Sex sells! The Media's Journey from Repression to Obsession, Boulder: Westview Press 2004

43 vgl. *Hebditch/Anning*, Porn Gold; *Lane*, Obscene Profits, S. 1-78, und als Kurzfassung Klaus-Peter *Kerbusk*, „Mit der Pussy zum Erfolg: Erotische Inhalte haben neuen Techniken stets zum Durchbruch verholfen", *Spiegel Special* 3/1998, S. 105-107

44 ebd. S. 105

45 Natalie *Muntermann*, „Prostitution: Die Geschichte der käuflichen Liebe", Artikel vom 15.11.2005 unter www.planet-wissen.de; vgl. Elisabeth v. *Dücker* (Hg.), Sexarbeit: Prostitution – Lebenswelten und Mythen, Bremen: Edition Temmen 2005 und Alexandra *Geisler*, Gehandelte Frauen: Menschenhandel zum Zweck der Prostitution mit Frauen aus Osteuropa, Berlin: Trafo 2005

46 nach Untersuchungen von Donna M. *Hughes* unter www.uri.edu/artsci/wms/hughes/turn_look.pdf; vgl. kritisch zur Prostitution Jessica Spector (Hg.), Prostitution and Pornography: Philosophical Debate About the Sex Industry, Stanford: Stanford University Press 2006

47 so bes. *Roth*, Wenn Sex süchtig macht, S. 180

48 Alice *Schwarzer*, „Der Gesetzesentwurf von ‚EMMA'", in: Eva *Dane*/Renate *Schmidt* (Hg.), Frauen und Männer und Pornographie, Frankfurt: Fischer Taschenbuch Verlag 1990, S. 181-187

49 ebd. S. 182

50 so *Bremme*, Sexualität im Zerrspiegel, S. 96

51 Renate *Schmidt*, „Pornographie – hinsehen oder wegsehen? Rückblick nach 20 Jahren", in: *Dane/Schmidt* (Hg.), Frauen und Männer, S. 15-22

52 ebd. S. 15-18

53 ebd. S. 18

54 Beate *Uhse*, „Bedarf, Bedürfnis, Befriedigung", in: *Dane/Schmidt* (Hg.), Frauen und Männer, S. 96

55 *Schmidt*, „Pornographie – hinsehen oder wegsehen?", a. a. O., S. 15

56 Beate *Uhse*, „Bedarf, Bedürfnis, Befriedigung", a. a. O.

57 ebd. S. 96

58 Ernest *Borneman*, Sexuelle Marktwirtschaft: Vom Waren- und Geschlechtsverkehr in der bürgerlichen Gesellschaft, Frankfurt: Fischer Taschenbuch Verlag 1994; pro Pornografie bes. S. 76-100

59 ebd. S. 7

60 Dolf *Zillmann*, „Influence" of Unrestrained Access to Erotica", in: *Journal of Adolescent Health* 27 (2000), S. 41

61 *Focus* 44/2006, S. 212

62 Michael Schetsche, „Pornographie im Internet", in: Gunter *Schmidt*/Bernhard *Strauß* (Hg.), Sexualität und Spätmoderne: Über den kulturellen Wandel der Sexualität, Beiträge zur Sexualforschung Bd. 76, Gießen: Psychosozial-Verlag 20022, S. 150; so auch Stuart *Wolpert*, Teenagers Find Information About Sex on the Internet When They Look for It – And When They Don't, UCLA's Children's Digital Media Center Reports. Pressemeldung vom 27.1.2005. UCLA News. http://newsroom.ucla.edu/page.asp?RelNum=5876

63 Untersuchungen dazu listet Robert E. *Freeman-Longo*, „Children, Teens, and Sex on the Internet", in: Al Cooper (Hg.), Cybersex: The Dark Side of the Force. Journal of Sexual Addiction & Compulsivity – Special Issue, Philadelphia: Brunner-Routledge 2000, S. 77-80; s. auch Janis *Wolak*/Kimberly J. *Mitchell*/David *Finkelhor*, „Unwanted and Wanted Exposure to Pornography in a National Sample of Youth Internet Users", *Pediatrics* 119 (2007), S. 247-257 und die Studien in Patricia M. *Greenfield*/Sandra L.

Calvert (Hg.), Developing Children, Developing Media – Research from Television to the Internet from the Children's Digital Media Center: A Special Issue Dedicated to the Memory of Rodney R. Cocking, *Journal of Applied Developmental Psychology* 25 (2004) 6, S. 627-769

64 zu finden unter www.kff.org; gute Zusammenfassung in: Bella *English*, „The Secret Life of Boys: Pornography is a Mouse Click Away, and Kids Are Being Exposed To It In Ever-Increasing Numbers", in: *The Boston Globe* vom 12.5.2005 (www.boston.com/ae/media/articles/2005/05/12/the_secret_life_of_boys/)

65 s. die Listen unter http://www.unh.edu/ccrc/national_juvenile_online_victimization_publications.html und www.unh.edu/ccrc/second_youth_internet_safety-publications.html sowie im Lit.-Verz. unter „Jugendliche und Kinder und Internetpornografie" die Veröffentlichungen von Kimberly J. *Mitchell*, David *Finkelhor*, Janis *Wolak*, Michelle L. *Ybarra* und Wendy A. *Walsh*.

66 Kimberley J. *Mitchell*/David *Finkelhor*/Janis *Wolak*, „Victimization of Youths on the Internet", in: Janet L. *Mullings*/James W. *Marquart*/Deborah J. *Hartley* (Hg.), The Victimization of Children: Emerging Issues, Binghamton: Haworth Maltreatment & Trauma Press 2003, S. 1-41

67 ebd. S. 18

68 ebd. S. 27

69 Janis *Wolak*/Kimberley J. *Mitchell*/David *Finkelhor*, Online Victimization of Youth: Five Years Later, Alexandria: National Center for Missing & Exploited Children, Crimes Against Children Research Center & Washington, D. C.: Office of Juvenile Justice and Delinquency Prevention (4.12.2006); (www.unh.edu/ccrc/pdf/CV138.pdf = www.missingkids.com/en_US/publications/NC167.pdf)

70 Venhwei *Lo*/Ran *Wie*, „Exposure to Internet Pornography and Taiwanese Adolescents' Sexual Attitudes and Behavior", in: *Journal of Broadcasting & Electronic Media* 49 (2005) 2, S. 221-237

71 Michael *Flood*, „Exposure to Pornography Among Youth in Australia", in: *Journal of Sociology* 43 (2007), S. 45-60

72 Jochen *Peter*/Patti M. *Valkenburg*, „Adolescents' Exposure to a Sexualized Media Environment and Their Notions of Women as Sex Objects", in: *Sex Roles* 56 (2007): S. 381-395; Jochen *Peter*/Patti M. *Valkenburg*, „Adolescents? Exposure to Sexually Explicit Online Material and Recreational Attitudes Toward Sex", in:

Journal of Communication 56 (2006), S. 178-204

73 Bradley S. *Greenberg*, „Content Trends“ in Media Sex“, in: Dolf *Zillmann* u. a. (Hg.), Media, Children, and the Family, Hillsdale: Lawrence Erlbaum Ass. 1994, S. 165-182. Die detaillierten Untersuchungen zu den einzelnen Mediengattungen finden sich in Bradley S. Greenberg (Hg.), Media, Sex and the Adolescent, Cresskill: Hampton Press 1993.

74 *Greenberg*, „Content Trends“, a. a. O., S. 166

75 Richard L. *Baxter* u. a., „A Content Analysis of Music Videos“, in: *Journal of Broadcasting and Electronic Media* 29 (1985), S. 333-340

76 z. B. Jane D. *Brown* u. v. a., „Sexy Media Matter: Exposure to Sexual Content in Music, Movies, Television, and Magazines Predicts Black and White Adolescents' Sexual Behavior“, in: *Pediatrics* 117 (2006), S. 1018-1027, Kurzfassung unter pediatrics.aappublications.org/cgi/content/full/117/4/1018; Jeffrey J. *Arnett*, „The Sounds of Sex: Sex in Teen's Music and Music Videos“, in: Jane D. *Brown*/Jeanne R. *Steele*/Kim *Walsh-Childers* (Hg.), Sexual Teens, Sexual Media: Investigating Media's Influence on Adolescent Sexuality, Mahwah: Erlbaum 2002, S. 253-264; vgl. als Beispiel für viele ältere Studien: *Greenberg* (Hg.), Media, Sex and the Adolescent, S. 248-276, sowie die unter Aletha C. *Huston*/Ellen *Wartella*/ Edward *Donnerstein*, Measuring the Effects of Sexual Content in the Media: A Report to the Kaiser Family Foundation, Oakland: The Kaiser Family Foundation 1998, S. 66-88 (Downloadmöglichkeiten s. im Lit.-Verz.) vorgestellten Studien.

77 *Greenberg*, „Content Trends“, a. a. O., S. 170

78 ebd. S. 175

79 William A. *Stanmeyer*, The Seduction of Society: Pornography and Its Impact on American Life, Ann Arbor: Servant Books 1984, S. 62

80 *Bremme*, Sexualität im Zerrspiegel, S. 59-60

81 Detlef *Drewes*, Kinder im Datennetz. Pornographie und Prostitution in den neuen Medien, Frankfurt: Eichborn 1995, S. 68

82 Adolf *Gallwitz*/Manfred *Paulus*, Grünkram: Die Kinder-Sex-Mafia in Deutschland, Hilden: Verlag Deutsche Polizeiliteratur 1997, S. 29

83 vgl. Matthias *Mala*, Cybersex: Lust und Frust im Internet, München: Atmosphären Verlag 2004; Dagmar *Schmauks*, „Unterwegs zum Cybersex: Die Mediatisierung sexueller Berührung“, in:

Martin *Grunwald*/Lothar *Beyer* (Hg.), Der bewegte Sinn: Grundlagen und Anwendungen zur haptischen Wahrnehmung, Basel: Birkhäuser 2001, S. 251-262; *Schetsche*, „Pornographie im Internet", a. a. O., S. 139-158

84 von der Norm abweichendes Verhalten

85 Gruppe psychischer Störungen, bei denen ein fehlgeleiteter Sexualtrieb in Fantasie oder Tat vorliegt (z.B. Fetischismus, Sado-Masochismus, Sodomie oder sexuelle Fixierung auf Kinder)

86 *Hill/Briken/Berner*, „Pornographie im Internet", S. 113

87 z. B. Al *Cooper* u. a., „Online Sexual Problems: Assessment and Predictive Variables", in: *Sexual Addiction and Compulsivity* 8 (2001), S. 268 und *Hill/Briken/Berner*, „Pornographie im Internet", S. 124-125

88 so etwa Dan E. *Purnam*/Marlene M. *Maheu*, „Online Sexual Addiction and Compulsivity", in: *Cooper* (Hg.), Cybersex, S. 93-112; ähnlich Kimberley S. *Young* u. a., „Online Infidelity", in: Cooper (Hg.), Cybersex, S. 59 (mit dem ACE-Modell: Hilfe bedarf der Faktoren *anonymity, convenience, escape*),

89 also des Agierens anstelle eines anderen

90 *Hill/Briken/ Berner*, „Pornographie im Internet", S. 124-125 (Hervorhebungen ausgelassen)

91 Monica Therese *Whitty*, „Pushing the Wrong Button": Men's and Women's Attitudes Toward Online and Offline Infidelity", in: *CyberPsychology & Behavior* 6 (2003), S. 569-579

92 *Schetsche*, „Pornographie im Internet", a. a. O., S. 151

93 gut belegt in Keith F. *Durkin*, „The Internet as a Milieu for the Management of a Stigmatized Sexual Identity", in: Waskul, Net. seXXX, S. 131-147

94 *Hill/Briken/Berner*, „Pornographie im Internet", S. 117-118 (Literaturbelege zu den Modellen s. S. 132)

95 Walter *Wüllenweber*, „Sexuelle Verwahrlosung: Voll Porno!", in: *stern.de* vom 14.2.2007, aus *Stern* 6/2007, www.stern.de/politik/deutschland/581936.html

96 Kurt *Seikowski* (Hg.), Sexualität und neue Medien, Lengerich u.a.: Pabst Science Publ. 2005, s. darin insbesondere Nadine *Van Ngoc*/Kurt *Seikowski*, „Sexualität und Kriminalität im Internet", S. 133-149

97 Dennis *Howitt*/Kerry *Sheldon*, Sex Offenders and the Internet, New York: Wiley 2007

98 Dolf *Zillmann*, „Pornografie", in: Roland *Mangold* u. a., Lehrbuch der Medienpsychologie, Göttingen: Hogrefe 2004, S. 585

99 nach *Hill/Brikcn/Berner*, „Pornographie im Internet", S. 118, s. dazu Wolfgang *Berner*/Andreas *Hill*, „Gewalt, Missbrauch, Pornografie", in: Rainer *Hornung* (Hg.), Sexualität im Wandel, Zürich: vdf-Hochschulverlag 2004, S. 141-157; Scot B. *Boeringer*, „Pornography and Sexual Aggression", in: *Deviant Behavior* 15 (1994), S. 289-304

100 *ausgezeichnete Tabellen und Kurzfassungen zu vielen psychologischen und klinischen Untersuchungen* finden sich in: Catherine *Itzin*, „Pornography and the Construction of Misogyny", in: *The Journal of Sexual Aggression* 8 (2002), S. 4-42; Mike *Allen*/David *D'Alessio*/Tara M. *Emmers-Sommer*, „Reactions of Criminal Sexual Offenders to Pornography: A Meta-Analytical Summary", in: *Communication Yearbook* 22 (2000), S. 139-169; Elizabeth *Paolucci-Oddone*/Mark *Genuis*/Claudio *Violato*, „Meta-Analysis of the Published Research on the Effects of Pornography", in: Claudio *Violato*/Elizabeth *Paolucci-Oddone*/Mark *Genuis* (Hg.), The Changing Family and Child Development, London: Ashgate 2000, S. 48-59; John S. *Lyons*/Rachel *Anderson*/David B. *Larson*, „A Systematic Review of the Effects of Aggressive and Nonaggressive Pornography", in: *Zillmann* u. a. (Hg.), Media, Children, and the Family, S. 271-310; Maurice *Yaffé*/Edward C. *Nelson*, The Influence of Pornography on Behaviour, Academic Press: London 1982; *Bremme*, Sexualität im Zerrspiegel, S. 68-80; Judith *Rauch*, „Die Beweise liegen vor", in: Alice *Schwarzer* (Hg.), PorNo. *Emma* Sonderband 5 (1998) (Zusammenstellung von Emma-Artikeln 1987-1988 und 1978-1979), Köln: Emma 1988, S. 31-34; Barry S. *Sapolsky*, „Experimental Studies on Pornography and Aggression", in: Neil M. *Malamuth*/Edward *Donnerstein*, Pornography and Sexual Aggression, Orlando: Academic Press 1984, S. 83-138

101 *Itzin*, „Pornography and the Construction of Misogyny", S. 4-42

102 ebd. S. 8

103 ebd. S. 22-24

104 so bes. Robert *Jensen*, „Using Pornography", in: *Dines/Jensen/Russo*, Pornography, S. 103-104; David Alexander *Scott*, „Pornography and Violent Behavior", in: Tom *Minnery* (Hg.), Pornography: A Human Tragedy. Wheaton: Tyndale House 1986, S. 146 und Edward *Donnerstein*, „Pornography: Its Effect on Violence against Women", in: *Malamuth/Donnerstein*, Pornography, S. 53

105 so z. B. deutlich *Stanmeyer*, Seduction, S. 32

106 ebd. S. 54

107 *die wichtigsten staatlichen Untersuchungen sind älter:* Jill C. *Manning*, Pornography's Impact on Marriage & The Family. Testimony before the Subcommittee on the Constitution, Civil Rights and Property Rights I on Judiciary, United States Senate 9.11.2005 (Downloadmöglichkeiten im Lit.-Verz.); Attorney General's Commission on Pornography: Final Report, Washington D. C.: US Printing Office 1986, zusammengefasst in Richard E. *McLawhorn*, Summary of the Final Report of the Attorney General's Commission on Pornography July 1986, Cincinnati: National Coalition against Pornography 1986; C. Everett *Koop*, „The Surgeon General's Report", in: *Minnery* (Hg.). Pornography, S. 323-332 (vgl. ders., „Pornography and Public Health", ebd. S. 105-111); William L. *Marshall*, A Report on the Use of Pornography by Sexual Offenders. Prepared for the Federal Department of Justice, Ottawa: Federal Department of Justice 1983. *Wichtige Sammelbände sind: Zillmann* u. a. (Hg.), Media, Children, and the Family; *Dane/Schmidt* (Hg.), Frauen und Männer; Jürgen *Becker* (Hg.), Pornographie ohne Grenzen, Baden-Baden: Nomos-Verlagsgesellschaft 1994; Laura J. *Lederer*/Richard *Delgado* (Hg.), The Price we Pay: The Case against Racist Speech, Hate Propaganda, and Pornography, New York: Hill and Wang 1995; *Lenssen/Stolzenburg* (Hg.), Schaulust. *Daneben sind folgende grundlegende Werke zu nennen: Itzin*, „Pornography and the Construction of Misogyny", S. 4-42; *Paolucci-Oddone/Genuis/Violato*, „Meta-Analysis" a. a. O., S. 48-59; *Stanmeyer*, Seduction; Drucilla *Cornell*, Die Versuchung der Pornographie, Berlin: Berlin Verlag 1995; Herbert *Selg*, Pornographie: Psychologische Beiträge zur Wirkungsforschung, Bern: Verlag Hans Huber 1986; Andreas *Rose*, Die Wirkung erotischen und pornographischen Bildmaterials auf Junge Erwachsene, Diss. Universität Bamberg 1991

108 Technical Report of Commission of Obscenity and Pornography Bd. 7, Washington D. C.: US Printing Office 1971

109 Attorney General's Commission on Pornography: Final Report

110 z. B. *Selg*, Pornographie, S. 63-66 und Edward *Donnerstein*/Daniel *Linz*/Steven *Penrod*, The Question of Pornography: Research Findings and Policy Implications, New York: The Free Press; London: Collier Macmillan Publ. 1987, S. 23-37

111 so *Selg*, Pornographie, S. 63-66

112 so ebd.

113 Berl *Kutchinsky*, Law, Pornography and Crime: The Danish Experience, Oslo: Pax Forlag 1999; vgl. *Berner/Hill*, „Gewalt, Missbrauch, Pornografie", a. a. O., S. 153; s. schon Berl *Kutchinsky*, „Toward an Explanation of the Decrease in Registered Sex Crimes in Copenhagen", in: Technical Report of Commission of Obscenity and Pornography Bd. 7, Washington D. C.: US Printing Office 1971. Der australische Psychologieprofessor John H. *Court* hat in: Pornography and Harm Condition, Adelaide: Flinders University 1980 und in „Sex and Violence: A Ripple Effect", in: *Malamuth/Donnerstein*, Pornography, S. 143-172 sowie etlichen weiteren Studien (s. im Lit.-Verz unter „Pornografie und Gewalt") am gründlichsten das Verhältnis der Pornografiegesetzgebung und -handhabung mit der erfassten Zahl der Vergewaltigungen in vielen Ländern der Erde untersucht. Er kommt zu dem Ergebnis: „(1) Die Vergewaltigungszahlen sind gestiegen, wo die Pornographiegesetze liberalisiert wurden" (ebd. S. 157). Seine älteren Belege gelten aber als wenig tragfähig, und brauchbare Daten zum Verhältnis von Pornografiegesetzgebung und Vergewaltigungszahlen liegen nicht vor, s. *Hill/Briken/Berner*, „Pornographie im Internet", S. 120-121 und *Donnerstein/Linz/Penrod*, The Question of Pornography, S. 61-66

114 vgl. *Bremme*, Sexualität im Zerrspiegel, S. 66-67

115 Ulrich *Vultejus*, „Die Pornographie: Ein neuer Markt und seine Grenzen", in: *Universitas* 53 (1998), S. 861

116 Jane *Juffer*, At Home with Pornography: Women, Sex, and Everyday Life, New York & London: New York University Press 1998

117 die beste Zusammenstellung der Untersuchungen findet sich in *Zillmann*, „Pornografie", a. a. O., S. 566-585; vgl. auch *Stanmeyer*, Seduction, S. 53-66 und Archibald Hart, Lust oder Last: Wie Mann mit seiner Sexualität glücklich werden kann, Asslar: Schulte + Gerth 1995, S. 125-146

118 vgl. das Vorwort in *Selg*, Pornographie, und *Rauch*, „Die Beweise liegen vor", a. a. O., S. 33-34.

119 *Selg*, Pornographie, S. 76-77

120 Friederike *Sohn*, Pornographie: Anleitung zur sexuellen Gewalt? Hamburg: Verlag Dr. Kovac 1995, S. 117

121 er fasst viele seiner Studien selbst allgemeinverständlich zusammen in: *Zillmann*, „Pornografie" und *ders.*, „Erotica and Family Values", in: *ders.* u. a. (Hg.), Media, Children, and the Family, S. 199-213. Vgl. zu den früheren Studien Zillmanns: David Alexander *Scott*, „How Pornography Changes Attitudes", in: *Minne-*

ry (Hg.), Pornography, S. 117-125; weitere Studien von Zillmann und Bryant im Lit.-Verz.

122 *Zillmann*, „Erotica and Family Values", S. 199-213

123 ebd. S. 202

124 ebd. S. 202

125 ebd. S. 203

126 ebd. S. 203

127 *Zillmann*, „Pornografie", a. a. O., S. 579

128 gemeint ist vor allem Dolf *Zillmann*/Jennings *Bryant*, „Pornography's Impact on Sexual Satisfaction", in: *Journal of Applied Social Psychology* 18 (1988), S. 438-453

129 *Zillmann*, „Pornografie", a. a. O., S. 579

130 so bes. Bruce *Watson*/Shyla Rae *Welch*, „Just Harmless Fun? Understanding the Impact of Pornography", 2000 (hg. von der Kinderschutzorganisation *Enough is Enough*, Great Falls); www.protectkids.com/effects/justharmlessfun.pdf, S. 4 und die dort genannte Literatur

131 Zur Zunahme der Vergewaltigung in der Ehe s. weiter unten

132 Karl M. *Kirch*, Krankheiten von Herz und Kreislauf, Köln-Braunsfeld: Rudolf Müller 1977, S. 83

133 Dolf *Zillmann*/Jennings *Bryant*, „Pornography, Sexual Callousness, and the Trivialization of Rape", in: *Journal of Communication* 32 (1982) 4, S. 10-21 und *Zillmann*, „Pornografie"; weitere Studien werden im Text und im Lit.-Verz. genannt

134 *Zillmann/Bryant*, „Pornography, Sexual Callousness", S. 12

135 ebd. S. 14-15

136 ebd. S. 16

137 ebd. S. 16-17

138 *Zillmann*, „Pornografie", a. a. O., S. 576

139 vgl. z. B. Linda J. *Hofschire*/Bradley S. *Greenberg*, „Media's Impact on Adoslescents' Body Dissatisfaction", in: *Brown/Steele/Walsh-Childers* (Hg.), Sexual Teens, Sexual Media, S. 125-152; s. weitere Studien: *Huston/Wartella/Donnerstein*, Measuring the Effects, S. 68-88

140 vgl. z. B. L. J. *Heinberg*/Joel Kevin *Thompson*, „Body Image and Televised Images of Thinness and Attractiveness: A Controlled Laboratory Investigation", in: Journal of Social and Clinical Psychology 14 (1995), S. 325-338; Eaaron Henderson-King/Donna Henderson-King, „Media Effects on Women's Body Esteem: Social and Individual Difference factors", in: *Journal of Applied Social Psychology* 27 (1997), S. 399-417

141 vgl. Ron *Kubsch*/Jörg *Berger*, Ess-Störungen verstehen und überwinden, Holzgerlingen: Hänssler 2006

142 vgl. *Roth*, Wenn Sex süchtig macht, S. 21

143 Dick *Thornburgh*/Herbert S. *Lin* (Hg.), Youth, Pornography and the Internet. Washington, D. C.: National Academies Press, 2002, S. 121-122

144 Hans-Bernd *Brosius*, „Die medial vermittelte soziale Realität in Pornographie und Erotikangeboten", in: Kurt *Seikowski* (Hg.), Sexualität und neue Medien, S. 34-53

145 ebd. S. 34

146 nach dem Gutachten vor dem US-Parlament von 2005: *Manning*, Pornography's Impact on Marriage & The Family

147 *Zillmann*, „Pornografie", a. a. O., S. 576-577

148 vgl. Bradley S. *Greenberg*/Rick W. *Busselle*, „Soap Operas and Sexual Activity: A Decade Later", in: *Journal of Communication* 46 (1996), S. 153-160; Bradley S. *Greenberg*/David *D'Alessio*, „Quantity and Quality of Sex in the Soaps", in: *Journal of Broadcasting and Electronic Media* 29 (1985), S. 309-321; Dale *Kunkel*/Kirstie M. *Cope*/Carolyn *Colvin*, Sexual Messages on Family Hour Television, Oakland: Children Now & The Henry J. Kaiser Family Foundation 1996 (www.eric.ed.gov/ERICDocs/data/ericdocs2sql/content_storage_01/0000019b/80/16/b2/cc.pdf, s. auch http://edres.org/eric/ED409080.htm). Verweis auf weitere Lit. in Huston/Wartella/Donnerstein, Measuring the Effects, S. 68-88

149 nach Wendy *Stock*, „The Effects of Pornography on Women", in: Lederer/Delgado (Hg.), The Price we Pay, S. 80-88

150 *Pastötter*, Erotic Home Entertainment, S. 54

151 Raymond M. *Bergner*/Ana J. *Bridges*, „The Significance of Heavy Pornography Involvement for Romantic Partners", in: *Journal of Sex and Marital Therapy* 28 (2002), S. 196

152 Ana J. *Bridges*/Raymond M. *Bergner*/Matthew *Hesson-McInnis*, „Romantic Partner's Use of Pornography: Its Significance for Women", in: *Journal of Sex and Marital Therapy* 29 (2003), S. 1-14, bes. S. 10

153 *Whitty*, „Pushing the Wrong Button, a. a. O., S. 569-579

154 „No Consensus Among American Public on the Effects of Pornography on Adults or Children or What Government Should Do About It", Harris Poll, 7.10.2005, harrisinteractive.com

155 vgl. zu dieser relativ neuen Form der Untreue Arne *Dekker*, „Cybersex und Online-Beziehungen", in: *Hornung* (Hg.), Sexuali-

tät im Wandel, S. 159-179; Young u. a., „Online Infidelity", S. 59-74 und Mark F. *Schwartz*/Stephen *Southern*, „Compulsive Cybersex: The New Team Room", in: *Cooper* (Hg.), Cybersex, S. 127-144; Nicola *Döring*, „Cybersex – Formen und Bedeutungen computervermittelter sexueller Interaktionen", in: Hertha *Richter-Appelt*/Andreas *Hill* (Hg.), Geschlecht zwischen Spiel und Zwang, Gießen: Psychosozial-Verlag 2004, S. 177-207; Thomas M. Goerlich/Thilo Grimm, „Cam-Chat-Erfahrungen – User berichten", in: Kurt *Seikowski* (Hg.), Sexualität und neue Medien, S. 122-132

156 Jennifer *Schneider*, „Effects of Cybersex Addiction on the Family", in: *Cooper* (Hg.), Cybersex, S. 31-58

157 dazu speziell ebd. S. 45 und 39

158 ebd. S. 39

159 ebd. S. 39

160 ebd. S. 37

161 ebd. S. 45-46

162 ebd. S. 50-51

163 *Hill/Briken/Berner*, „Pornographie im Internet", S. 115 unter Berufung auf Zygmunt *Bauman*, Flüchtige Moderne, Frankfurt am Main: Suhrkamp 2003 (engl.: *Liquid Modernity*), ähnlich *Dekker*, „Cybersex und Online-Beziehungen", S. 159-179, in: *Hornung* (Hg.), Sexualität im Wandel, Zürich, S. 215-216

164 ebd.

165 Petra *Fleckenstein*, „Wenn der Partner Pornos schaut", www.urbia.de/topics/article/?id=9017, 10.10.2007

166 ebd.

167 ebd.

168 „Is the Internet Bad for Your Marriage? Online Affairs, Pornographic Sites Playing Greater Role in Divorces", Pressemeldung *PR Newswire* vom 14.11.2002; vgl. auch „The porn factor", *Time Magazine* vom 19.1.2004

169 Rolf *Degen*, „Bis daß der Frust euch scheidet", in: *Die Welt* vom 7.10.1998, S. 9

170 *Zillmann*, „Pornografie", a. a. O., S. 578

171 ebd. S. 578-579

172 vor 20 Jahren schon Dolf *Zillmann*/Jennings *Bryant*, „Effects on Prolonged Consumption of Pornography on Family Values", in: *Journal of Family Issues* 9 (1988) 4, S. 518-544

173 z. B. *Stack/Wassermann/Kern*, „Adult Social Bonds", S. 75-88

174 *Manning*, Pornography´s Impact on Marriage & The Family.

Downloadmöglichkeiten im Lit.-Verz.

175 *Zillmann*, „Influence", a. a. O., S. 41-44; ähnlich *Greenfield/Calvert* (Hg.), Developing Children

176 nach dem Gutachten vor dem US-Parlament von 2005: *Manning*, Pornography's Impact on Marriage & The Family

177 E. *Häggström-Nordin*/U. *Hanson*/Tanja *Tydén*, „Associations Between Pornography Consumption and Sexual Practices among Adolescents in Sweden", in: *International Journal of STD & AIDS* 16 (2005), S. 102-107

178 D. O. *Adebayo*/I. B. *Udegbe*/A. M. *Sunmola*, „Gender, Internet Use, and Sexual Behavior Orientation among Young Nigerians", in: *CyberPsychology & Behavior* 9 (2006) 6, S. 742-752, auch unter www.liebertonline.com/doi/abs/10.1089/cpb.2006.9.742

179 Tanja *Tydén*/Christina *Rogala*, „Sexual Behaviour among Young Men in Sweden and the Impact of Pornography", in: *International Journal of STD & AIDS* 15 (2004), S. 590

180 ebd. S. 593 und Christina *Rogala*/Tanja *Tydén*, „Does Pornography Influence Young Women's Sexual Behaviour?", in: *Women's Health Issues* 13 (2003), S. 39-43

181 Willard *Cates Jr.*, „Estimates of the Incidence and Prevalence of Sexually Transmitted Diseases in the United States", in: *Sexually Transmitted Diseases* 26 (1999), Suppl. 2-7; vgl. Zusammenfassung unter www.guttmacher.org/pubs/fb_sti.html.

182 Hillard *Weinstock*/Stuart *Berman*/Willard *Cates Jr.*, „Sexually Transmitted Diseases Among American Youth: Incidence and Prevalence Estimates, 2000", in: *Perspectives on Sexual and Reproductive Health* 36 (2004), S. 6-10

183 vgl. z. B. Michael J. *Sutton* u. a., „Shaking the Tree of Knowledge for Forbidden Fruit: Where Adoslescents Learn About Sexuality and Contraception", in: Jane D. *Brown*/Jeanne R. *Steele*/Kim *Walsh-Childers* (Hg.), Sexual Teens, S. 25-58

184 Anregungen verdanke ich Dick *Thornburgh*/Herbert S. *Lin* (Hg.), Youth, S. 226-232

185 Andreas *Hill*/Peter *Briken*/Wolfgang *Berner*, „Pornographie im Internet", S. 17

186 Zum Nutzen von Filtersoftware für Kinder und Jugendliche s. die Begründungen und praktischen Tipps bei: Sabine M. *Grüsser*/Ralf *Thalemann*, Computerspielsüchtig? Rat und Hilfe, Bern: Huber 2006; Stefan C. *Dombrowski*/Karen L. *Gischlar*/Theo *Durst*, „Safeguarding Young People From Cyber Pornography and Cyber Sexual Predation", in: *Child Abuse Review* 16 (2007),

S. 153-170 und Dick *Thornburgh*/Herbert S. *Lin* (Hg.), Youth, S. 258-356 (das ganze Buch unter bob.nap.edu/html/youth_internet/)

187 das Annehmen von Gewohnheiten

188 Hans-Bernd *Brosius*, „Realität", a. a. O., S. 35

189 Nina *Gladitz*, „Sex als Sucht: Ein Forschungsprojekt widmet sich der tabuisierten Krankheit" www.3sat.de/kulturzeit/themen/83630/index.html (23.9.2005)

190 Walter *Wüllenweber*, „Sexuelle Verwahrlosung", a. a. O.

191 Martin *Barron*/Michael *Kimmel*, „Sexual Violence in Three Pornographic Media", in: *Journal of Sex Research* 37 (2000), S. 161-168, Download unter findarticles.com/p/articles/mi_m2372/is_2_37/ai_64698519

192 John *Bancrof*, „Preface", in: Al *Cooper* (Hg.), Sex and the Internet: A Guidebook for Clinicians, New York: Brunner-Routlege 2000, S. ix-xiii

193 Andreas *Hill*/Peter *Briken*/Wolfgang *Berner*, „Pornographie im Internet", S. 125 (Hervorhebungen ausgelassen)

194 *Zillmann*, „Influence", a. a. O.

195 Neil M. *Malamuth*/Ed *Donnerstein*, „The Effects of Aggressive-Pornographic Mass Media Stimuli", in: *Advances in Experimental Social Psychology* 15 (1982), S. 103-136, bes. S. 129-130 und Neil M. *Malamuth*/Ramara *Addison*/Mary *Koss*, „Pornography and Sexual Aggression: Are There Reliable Effects and Can We Understand Them?", in: *Annual Review of Sex Research* 11 (2000), S. 26-91. Weitere Beiträge von Neil M. Malamuth s. im Lit.-Verz.

196 Wolfgang *Illauer*, „Wenn die Pornographie zum Massenkonsum führt" (Leserbrief), in: *Frankfurter Allgemeine Zeitung* vom 24.12.1997, S. 7

197 so auch *Bremme*, Sexualität im Zerrspiegel, S. 46-54, Abschnitt „Sexistische und pornographische Stereotype in der Werbung" und *Dines*, „Dirty Business", a. a. O., S. 37-64

198 *Selg*, „Wirkungen", a. a. O., S. 154-155

199 Günter *Amendt*, „Von der Sexfront in den Grabenkampf ...", in: *Dane/Schmidt* (Hg.), Frauen und Männer, S. 25. Aber typisch ist, dass Günter Amendt trotzdem gegen jede Zensur ist, da der Pornografievorwurf angeblich „fast immer ein Totschlagargument ist", „eine Waffe der politischen Zensur". Wie aber soll der Gewalt gegen Frauen begegnet werden, wenn man nichts, aber auch gar nichts verbieten darf? Durch gutes Zureden?

200 *Scott*, „How Pornography Changes Attitudes"

201 *Itzin*, „Pornography and the Construction of Misogyny", S. 25-26

202 *Cline*, „Pornography Effects: Empirical and Clinical Evidence", S. 230

203 vgl. die Diskussion in Gunnar *Immisch*, ‚Sex sells'? Eine theoretische Diskussion eines alten Mythos, München: FGM-Verlag 2002; vgl. auch *Streitmatter*, Sex sells! und Chandra Kurt, Sex sells: Warum man sich für Werbung auszieht, Zürich: Orell Füssli 2004; Hans-Uwe L. *Köhler*, Sex sells: Mythos oder Wahrheit?, Offenbach: Gabal 2006 (mit anzüglichen Texten und Bildern). Weitere Literatur unter de.wikipedia.org/wiki/sex_sells

204 vgl. Steven B. *Most*/Marvin M. *Chun*/David M. *Widders*/David H. *Zald*, „Attentional Rubbernecking: Cognitive Control and Personality in Emotion-induced Blindness", in: *Psychonomic Bulletin & Review* 12 (2005), S. 654-661 und die Kurzfassungen in Gaia *Vince*, „Erotic images can turn you blind", 12.8.2005 (www.newscientist.com/article.ns?id=dn7845); Melanie *Moran*, „Researchers explore a perceptual effect called ‚attentional rubbernecking'", 11.8.2005 (www.vanderbilt.edu/exploration/stories/rubbernecking.html)

205 Andrey P. *Anokhin* u. a., „Rapid Discrimination of Visual Scene Content in the Human Brain", Brain Research Bd. 1093, Nr. 1, 6.6.2006, S. 167-177, Abstract: doi:10.1016/j.brainres.2006.03.108; Kurzfassung in Jim *Dryden*, „Erotic Images Elicit Strong Response From Brain", 8.6.2006 (http://mednews.wustl.edu/tips/page/normal/7319.html; vgl. www.sciencedaily.com/releases/2006/06/060614000616.htm)

206 so Corinne *Sweet*, „Pornography and Addiction: A Political Issue", in: Catherine *Itzin* (Hg.). Pornography: Women, Violence and Civil Liberties, Oxford: Oxford University Press 1993[2], S. 179-200; James C. *Dobson*, „Enough is Enough", in: *Minnery* (Hg.), Pornography, S. 40; „Sexfilme machen süchtig: US-Studie: Wer Pornos sieht, verharmlost bald Vergewaltigungen", in: *ideaSpektrum* 22/1998, S. 25. Vgl. die im Lit.-Verz. unter „Internetsexsucht" genannte Literatur sowie die im Folgenden verwendete Literatur.

207 M. Douglas *Reed*, „Pornography Addiction and Compulsive Sexual Behavior", in: *Zillmann* u. a. (Hg.), Media, Children, and the Family, S. 249

208 *Stanmeyer*, Seduction, S. 57

209 ebd. S. 55-56

210 Victor B. *Cline* (Hg.), Where do you Draw the Line? An Exploration into Media Violence, Pornography, and Censorship, Provo: Brigham Young University Press, 1974; vgl. *ders.*, Pornography's Effects on Adults and Children, New York: Morality in Media 1999; *ders.*, „Pornography Effects: Empirical and Clinical Evidence", in: *Zillmann* u. a. (Hg.), Media, Children, and the Family, S. 229-247

211 ebd. S. 232-235

212 s. die Literatur im Lit.-Verz. unter „Internetsucht", bes. Wolfgang *Bergmann*/Gerald *Hüther*, Computersüchtig: Kinder im Sog der modernen Medien, Düsseldorf: Patmos 2007² und Samuel *Pfeifer*, Internetsucht: Verstehen – Beraten – Bewältigen, Psychiatrie & Seelsorge Seminarheft. Riehen (CH): Psychiatrische Klinik Sonnenhalde 2004

213 in Anlehnung an Kimberly S. *Young*, Caught in the Net: How to Recognize the Signs of Internet Addiction and a Winning Strategy for Recovery, New York: John Wiley & Sons 1998

214 Al *Cooper*/David L. *Delmonico*/Ron *Burg*, „Cybersex Users, Abusers, and Compulsives: New Findings and Implications", in: Cooper (Hg.), Cybersex, S. 5-29, bes. S. 24

215 *Schneider/Weiss*, Cybersex Exposed

216 ebd. S. 10. Patrick J. *Carnes*, Don't Call it Love, New York: Bantam 1991, S. 414-417 (Anhang nicht in der deutschen Ausgabe) gibt statt 8,5% an: 5-8% der Erwachsenen. *Cooper* u. a., „Online Sexual Problems, a. a. O., S. 267-285 kamen auf 8,5% Internetsüchtige von 9.265 untersuchten Amerikanern

217 Patrick J. *Carnes*, Out of the Shadows, Wickenburg: The Meadows 1983

218 David L. *Delmonico*/Patrick J. *Carnes*, „Virtual Sex Addiction: Why Cybersex Becomes the Drug of Choice", in: *CyberPsychology and Behavior* 2 (1999), S. 457-464; Aviel *Goodman*, Sexual Addiction: An Integrated Approach, Madison: International University Press 1998; *Cooper* u. a., „Online Sexual Problems"

219 *Roth*, Wenn Sex süchtig macht; vgl. auch Andreas Hill/Peter *Briken*/Wolfgang *Berner*, „Sexuelle Sucht: Diagnostik, Ätiologie, Behandlung", in: *Zeitschrift für Sexualforschung* 18 (2005) 2, S. 185-197.

220 ebd. S. 16

221 ebd. S. 21

222 s. die unter www.charite.de/medpsych/4_mitarbeiter/lehmann.

html#arbeitsgebiete aufgelisteten Forschungsarbeiten sowie zur „Interdisziplinären Suchtforschungsgruppe Berlin (ISFB) am Institut für Medizinische Psychologie der Berliner Hochschulmedizin": www.verhaltenssucht.de. Zur Einführung s. Anja *Lehmann*, „Wenn der Spaß beim Sex aufhört", in: *Das Parlament* vom 17.01.2005, Download unter www.das-parlament.de/2005/03/Thema/034.html

223 *Gladitz*, „Sex als Sucht", a. a. O.

224 Sabine M. *Grüsser*/Ulrike *Albrecht*, „Rien ne va plus - wenn Glücksspiele Leiden schaffen", Erding: Huber & Partner 2007

225 Kurt-Martin *Mayer*, „Sucht nach Sex", in: Focus 27/2005, S. 78

226 *Gladitz*, „Sex als Sucht", a. a. O.

227 in Anlehnung an T. M. *Grundner*, The Skinner Box Effect: Sexual Addiction and Online Pornography, Lincoln: Writers Club Press 2000, S. 25-26; Ralph H. *Earle*/Mark R. *Laaser*, The Pornography Trap: Setting Pastors and Laypersons Free from Sexual Addiction, Kansas City: Beacon Hill Press 2002, S. 63-69; *Pfeifer*, Internetsucht

228 *Lehmann*, „Wenn der Spaß beim Sex aufhört", a. a. O.

229 *Hill/Briken/Berner*, „Pornographie im Internet", S. 123 in Fortschreibung von *Hill/Briken/Berner*, „Sexuelle Sucht", a. a. O., S. 185-197

230 Studien werden vorgestellt in *Paolucci-Oddone/Genuis/Violato*, „Meta-Analysis", a. a. O., S. 48-59; Elizabeth *Paolucci-Oddone*/Mark *Genuis*/Claudio *Violato*, „A Meta-Analysis of the Published Research on the Effects of Pornography", in: *Medicine, Mind and Adolescence* 11 (2000), S. 23-28; Mike *Allen*/David *D'Alessio*/Keri *Brezgel*, „A Meta-Analysis Summarizing the Effects of Pornography II: Aggression After Exposure", in: *Human Communication Research* 22 (1995), S. 258-283; Nancy *Bowen*, „Pornography: Research Review and Implications for Counseling", in: *Journal of Counseling and Development* 65 (1987), S. 345-350; vgl. die Diskussion von anderen Untersuchungen bei Selg, Pornographie, S. 84-90; *Malamuth/Addison/Koss*, „Pornography and Sexual Aggression", a. a. O., S. 26-91; S. 31-38 wenden sich gegen William A. *Fisher*/Guy *Grenier*, „Pornography, Antiwomen Thoughts, and Antiwoman Acts", in: *The Journal of Sex Research* 31 (1994), S. 23-38, die behaupteten, alle Studien hätten gezeigt, dass Pornografie nicht aggressiv mache. Sie listen alle von Fisher verwendeten Studien auf und begründen, wieso Fisher sie falsch zitiert hat.

231 *Stanmeyer*, Seduction, S. 62

232 Diana E. H. *Russell*. „Pornography and Rape: A Causal Model", in: Catherine *Itzin* (Hg.), Pornography: Women, Violence and Civil Liberties, Oxford: Oxford Univ. Press 1993[2], S. 313

233 *Koop*, „Surgeon", in: Minnery (Hg.), Pornography, S. 323-332; vgl. zur Interpretation die Ausführungen des „Surgeon General": C. Everett Koop, „Pornography and Public Health", ebd. S. 105-111

234 *Koop*, „Surgeon", ebd. S. 328-329

235 *Rauch*, „Die Beweise liegen vor", a. a. O., S. 32; vgl. den ganzen Beitrag mit Zusammenfassungen weiterer Untersuchungen

236 *Sohn*, Pornographie, S. 120

237 ebd. S. 121

238 Anthony *Mulac*/Laura L. *Jansma*/Daniel G. *Linz*, „Men's Behavior Toward Women After Viewing Sexually-Explicit Films: Degradation Makes a Difference", in: *Communication Monographs* 69 (2002), S. 311-328

239 so auch *Bremme*, Sexualität im Zerrspiegel, S. 76-78

240 vgl. die Zusammenstellung in Brad *Bushman*/Angela *Stack*/Roy *Baumeister*, „Catharsis, Aggression, and Persuasive Influence: Self-Fulfilling or Self-Defeating Prophecies?", in: *Journal of Personality and Social Psychology* 76 (1999) 3, S. 367-376, bes. S. 373, und die Zusammenfassung des Beitrages in *Psychologie heute* 7/1999, S. 11 und die Kritik der Katharsisthese in Bezug auf Gewalt in den Medien: Craig A. *Anderson*/Douglas A. *Gentile*/Katherine E. *Buckley*, Violent Video Games Effects on Children and Adolescents: Theory, Research and Public Policy, Oxford: Oxford University Press 2007, S. 144-149

241 vgl. *Bushman/Stack/Baumeister*, S. 367-368

242 so bes. ebd. S. 373

243 Alice *Schwarzer*, „Ruferin gegen das Wüste", in: *Das Magazin* (Zürich) 21/2007, hier nach http://www.dasmagazin.ch/index.php/Ruferin_gegen_das_Wüste.

244 *Wüllenweber*, „Sexuelle Verwahrlosung", a. a. O.

245 *Schwarzer*, „Ruferin"; ähnlich Itzin, „Pornography and the Construction of Misogyny", S. 20

246 *Zillmann*, „Pornografie", a. a. O., S. 585

247 *Boeringer*, „Pornography and Sexual Aggression", a. a. O., S. 289-304, bes. S. 298.

248 *Zillmann*, „Pornografie", a. a. O., S. 577 (Literaturangaben wurden ausgelassen)

249 ebd. S. 577-578

250 *Schwarzer*, „Ruferin“, a. a. O.

251 Ray *Wyre*, „Pornography and Sexual Violence“, in: Itzin (Hg.), Pornography: Women, Violence, S. 239

252 Martha R. *Burt*, „Cultural Myths and Supports for Rape“, in: *Journal of Personality and Social Psychology* 38 (1980), S. 217-230. Zur Akzeptanzskala des Vergewaltigungsmythos nach Burt vgl. Anna C. *Salter*, Treating Child Sex Offenders and Victims: A Practical Guide, Newbury Park: Sage Publ. 1988, S. 283

253 so *McLawhorn*, Summary, S. 8

254 Herbert *Selg*, „Über Wirkungen von Gewaltpornographie“, in: *Dane/Schmidt* (Hg.), Frauen und Männer, S. 138-139

255 ebd. S. 39

256 *Selg*, Pornographie, S. 93

257 ebd. S. 94

258 ebd.

259 ebd., S. 138-139; die Literaturangaben im Text wurden ausgelassen; vgl. auch *Malamuth/Donnerstein*, Pornography und die unter „Pornographie und Gewalt“ im Lit.-Verz. genannte Literatur

260 Edward *Donnerstein*/Daniel *Linz*, „Sexual Violence in the Media: A Warning“, in: *Psychology Today* (New York) 1/1984, S. 14; vgl. auch *Hart*, Lust oder Last, S. 132; Mike *Allen*/Tara *Emmers*, „Exposure to Pornography and Acceptance of Rape Myths“, in: *Journal of Communication* 45 (1995), S. 14-15 (Angaben S. 22-26) listen 19 Studien von 1980-1989 auf, die ihres Erachtens zwar unterschiedliche Ergebnisse liefern, aber doch fast alle zumindest einen gewissen Anstieg der Vergewaltigungsbereitschaft belegen

261 „Sexfilme machen süchtig: US-Studie: Wer Pornos sieht, verharmlost bald Vergewaltigungen“, in: *ideaSpektrum* 22/1998, S. 25

262 im Einzelnen dargestellt bei Cline, „Pornography Effects“, S. 244

263 *McLawhorn*, Summary, S. 8; ebenso ein Mitglied der Kommission: Dobson, „Enough is Enough“, a. a. O., S. 39; s. weitere Belege bei Diana E. H. *Russell*, „Pornography and Rape: A Causal Model“, in: *Itzin* (Hg.), Pornography: Women, Violence, S. 310-349; *Russell*, „Pornography and Rape: A Causal Model“, in: *dies.* (Hg.), Making Violence Sexy: Feminist Views on Pornography, New York: Teachers College Press 1993; Buckingham: Open University Press 1993, S. 120-150; Daniel *Linz*/Edward *Donnerstein*, „The Effects of Counter-Information on the Acceptance of Rape Myths“, in: Dolf *Zillmann*/Jennings *Bryant* (Hg.), Porno-

graphy: Research Advances and Policy Considerations, Hillsdale: Erlbaum 1989, S. 259-288; Allen/Emmers, „Exposure", a. a. O., S. 5-26; D. L. *Payne*/K. A. *Lonsway*/L. F. *Fitzgerald*, „Rape Myth Acceptance: Exploration of its Structure and its Measurement Using the Illinois Rape Myth Acceptance Scale", in: *Journal of Research in Personality* 33 (1999), S. 27-68; Sandra M. Domalewski, „Rape Myth Acceptance: Changing Attitudes Through the Use of Popular Movies", Forschungsbericht der Missouri Western State University, Dezember 1999, clearinghouse.missouriwestern.edu/manuscripts/147.asp

264 David *Finkelhor*/Kersti *Yllo*, License to Rape: Sexual Abuse of Wives, New York: Holt, Rinehart and Winston 1987 (Nachdruck von New York: Free Press 1985), S. 14-15

265 alles nach Michelle J. *Anderson*, „Silencing Women's Speech", in: Lederer/*Delgado* (Hg.), The Price we Pay, S. 122-130

266 nach ebd.

267 *Donnerstein*, „Pornography: Its Effect", a. a. O., S. 65 (mit weiterer Literatur)

268 *McLawhorn*, Summary, S. 9

269 *Schmidt*, „Pornographie – hinsehen oder wegsehen?", a. a. O., S. 19

270 *Selg*, Pornographie, S. 116

271 vgl. ebd. S. 118. Vgl. zum *Playboy* weiter *Bremme*, Sexualität im Zerrspiegel, S. 55-59

272 Gerhard *Merkl*, „Pornographie ohne Grenzen: Statement", in: *Becker* (Hg.), Pornographie ohne Grenzen, S. 14-15

273 nach *Stanmeyer*, Seduction, S. 19

274 *Drewes*, Kinder im Datennetz, S. 7

275 Martin *Amis*, „A Rough Trade", in: *The Guardian Unlimited* vom 17.3.2001 (books.guardian.co.uk/departments/politicsphilosophyandsociety/story/0,,458058,00.html), dt. Übersetzung nur in Martin *Amis*, „Ein hartes Geschäft", 16 S. (ohne Zählung), in: Stefano *DeLuigi*/Martin *Amis*, Pornoland: Im Hollywood der Lustfabriken, München: Knesebeck 2004 (pornografisch mit Hintergrundbildern der Produktion illustriert)

276 *Tydén/Rogala*, „Sexual Behaviour, a. a. O., S. 590

277 *Wüllenweber*, „Sexuelle Verwahrlosung", a. a. O.

278 *Schwarzer*, „Ruferin", a. a. O.

279 Jerry R. *Kirk*, Vorwort in: *McLawhorn*, Summary, S. 5

280 Attorney General's Commission on Pornography: Final Report, S. 324-326 und öfter; so auch ein Mitglied der Kommission: *Dobson*, „Enough is Enough", a. a. O., S. 39

281 *Scott*, „How Pornography Changes Attitudes", a. a. O.

282 *Kirk*, a. a. O., S. 5

283 ebd.

284 einer der Ersten war der australische Psychologieprofessor John H. Court: „Pornography and Sex-Crimes", in: *International Journal of Criminology and Penology* 5 (1976), S. 129-157; *ders.*, Pornography and Harm Condition; *ders.*, „Sex and Violence", a. a. O., S. 143-172; weitere Literatur z. B. zu Südafrika und Australien im Lit.-Verz. Bes. zu nennen ist Glenn A. *Walp*, The Missing Link Between Pornography and Rape: Convicted Rapists Respond with Validated Truth, Minneapolis: Walden University, Diss. 2005. Aus feministischer Sicht ist vor allem zu nennen: *Stark/Whisnant*, Not For Sale; Emilie *Buchwald* u. a. (Hg.), Transforming a Rape Culture, Minneapolis: Milkweed Ausgabe 2005 (erw. von 1993); Susan *Gubar*/Joan *Hoff* (Hg.), For Adult Users Only: The Dilemma of Violent Pornography, Bloomington: Indiana University Press 1989; *Russell* (Hg.), Making Violence Sexy sowie die im Lit.-Verz. unter „Pornographie und Gewalt" genannten Werke von Diana E. H. Russell

285 genauere Angaben bei *Stanmeyer*, Seduction, S. 23-24

286 *Marshall*, A Report on the Use of Pornography; vgl. zu dieser Untersuchung William L. *Marshall*, „Pornography and Sex Offenders", in: *Zillmann/Bryant* (Hg.), Pornography: Research Advances, S. 185-214, und *Scott*, „Pornography and Violent Behavior", a. a. O., S. 148-151

287 vgl. die kurze, tabellarische Zusammenfassung in Scott, „Pornography and Violent Behavior", S. 150

288 G. G. *Abel*, „Use of Pornography and Erotica by Sex Offenders". Presented to the U.S. Attorney General's Commission on Pornography, Houston 1985

289 siehe James B. *Weaver*, „Pornography and Sexual Callousness: The Perceptual and Behavioral Consequences of Exposure to Pornography", in: *Zillmann* u. a. (Hg.), Media, Children, and the Family, S. 221-222

290 Drucilla *Cornell*, Die Versuchung der Pornographie, S. 94-95

291 Friedrich-Christian *Schroeder*, Pornographie, Jugendschutz und Kunstfreiheit, Heidelberg: C. F. Müller Verlag 1992, S. 26

292 Bruce V. *Loding*, The Relationship Between Attachment, Trauma, and Exposure to Pornography in Juvenile Sexual Offenders, Worcester: Clark University, Diss. 2006

293 *Walp*, Missing Link, S. 30-71 liefert einen detaillierten Überblick

über die Forschungsgeschichte zum Verhältnis von Sexualstraftätern und Pornografie, s. dazu auch *Howitt/Sheldon*, Sex Offenders; Lann Alvin *Malesky*, Sexually Deviant Internet Usage by Child Sex Offenders, University of Memphis: Diss. 2002; aber auch kritisch: Allen/*Emmers*, „Exposure“, a. a. O., S. 5-14; Allen/ *D'Alessio/Emmers-Sommer*, „Reactions“, a. a. O., S. 139-169

294 die gründlichsten Studien dazu hat Russell vorgelegt: Diana E. H. *Russell*, Rape in Marriage, New York: Macmillan 1982, darin bes. S. 83-85, 120, 138 u. ö., erweitert: Bloomington: Indiana University Press 19902; Diana E. H. *Russell*/Rebecca M. *Bolen*, The Epidemic of Rape and Child Sexual Abuse in the United States, Thousand Oaks: Sage Publications 2000. Weitere Literatur von Russell s. im Lit.-Verz.

295 *Rauch*, „Die Beweise liegen vor“, a. a. O., S. 31 unter Berufung auf die Untersuchungen von Diana E. H. Russell

296 ebd.

297 nach *Stock*, „The Effects of Pornography on Women“, a. a. O., S. 80-88

298 siehe z. B. die zahlreichen Beiträge von und über Opfer in *Russell* (Hg.), Making Violence Sexy, S. 21-62 und „The Victims Speak“, in: *Minnery* (Hg.), Pornography, S. 163-183

299 so auch Reiner *Gödtel*, Sexualität und Gewalt, Hamburg: Hoffmann und Campe 1992, S. 64-67

300 so Christopher N. *Kendall*, „The Gay ‚Male‘ Syndrome“, in: *Lederer/Delgado* (Hg.), The Price we Pay, S. 141-150, s. zur Gay-Pornografie Richard *Dyer*, „Idol Thoughts: Orgasm and Self-Reflexivity in Gay Pornography“ (S. 102-109) und Royce *Mahawatte*, „Loving the Other: Arab-Male Fetish Pornography ...“ (S. 127-136), in: Pamela Church *Gibson* (Hg.), More Dirty Looks: Gender, Pornography and Power, London: bfi Publ. 2004^{2}; Todd G. *Morrison* (Hg.), Eclectic Views on Gay Male Pornography, Binghamton: Harrington Park Press 2004 = *Journal of Homosexuality* 47 (2004) 3/4; John *Stoltenberg*, „Pornography, Homophobia and Male Supremacy“, in: *Itzin* (Hg.), Pornography: Women, Violence, S. 145-165, bes. S. 157-158 (zur enormen Gewalt); Birge *Krondorfer*, „Pornographie und Homosexualität“, in: *Rick/Treudl* (Hg.), Frauen, S. 117-130

301 nach Ann *Russo*, „Feeding the People in all Their Hungers“, S. 147-154, in: *Dines/Jensen/Russo*, Pornography, S. 150

302 z. B.: „Pornographie definiere ich als frauenfeindliche Darstellung des Sexuellen, die Herabwürdigung von Frauen, um sexu-

ellen Anreiz zu erzeugen. Die feministische Kritik gilt nicht ... der Darstellung des Sexuellen, sondern der Misogynie bei der Darstellung des Sexuellen.“ (*Breitling*, „Pornographische Gesellschaft“, a. a. O., S. 142)

303 zur feministischen Literatur s. im Lit.-Verz. unter „Pornografie aus feministischer Sicht“ und viele der Werke unter „Pornografie und Gewalt“. Viele Studien referiert *Itzin*, „Pornography and the Construction of Misogyny“, S. 4-42. Viele der Autoren finden sich mit Beiträgen in *Itzin* (Hg.), Pornography: Women, Violence. Auf Deutsch ist zu nennen: Linda *Williams*, Hard-Core: Macht, Lust und die Traditionen des pornographischen Films, Basel: Stroemfeld 1995; *Rick/Treudl* (Hg.), Frauen

304 Gail *Dines*, „Living in Two Worlds“, in: *Dines/Jensen/Russo*, Pornography, S. 163-166

305 vor allem Alice *Schwarzer*, PorNo: Opfer und Täter, Gegenwehr und Backlash, Verantwortung und Gesetz, Köln: Kiepenheuer & Witsch 1994 (sic); *dies.* (Hg.), PorNo: *Emma* Sonderband (Zusammenstellung von Emma-Artikeln 1987-1988 und 1978-1979) und *dies.*, „Gesetzesentwurf“, a. a. O., S. 181-187; Andrea *Dworkin*, Pornographie: Männer beherrschen Frauen, Köln: Emma 1988[2]; Frankfurt: Fischer Taschenbuch Verlag 1990. Vgl. zur von *Emma* ausgelösten Pornodebatte in Deutschland: *Bremme*. Sexualität im Zerrspiegel, S. 117-222

306 Nachdruck in: Robin *Morgan*. „Theory and Practice: Pornography and Rape“, in: Laura J. *Lederer* (Hg.), Take Back the Night: Women on Pornography, New York: William Morrow 1980, S. 134-140

307 *Schwarzer*, „Gesetzesentwurf“, a. a. O., S. 183

308 *Schwarzer* (Hg.), PorNo, *Emma* Sonderband, Vorwort

309 ähnlich *Stanmeyer*, Seduction, S. 76-78

310 vgl. ihre Autobiographie: Beate *Uhse*, Mit Lust und Liebe: Mein Leben. Aufgezeichnet von Ulrich Pramann, Frankfurt: Ullstein 1989; vgl. die feministische Kritik an Uhse: Cornelia *Filter*, „Bomberpilotin und Pornoproduzentin“, in: *Schwarzer* (Hg.), PorNo: *Emma* Sonderband, S. 62-63.66.69-70

311 *Uhse*, Mit Lust und Liebe, S. 226-227

312 *Schwarzer*, „Gesetzesentwurf“, a. a. O., S. 181

313 z. B. Nadine *Strossen*, Zur Verteidigung der Pornographie: Für die Freiheit des Wortes, Sex und die Rechte der Frauen, Zürich: Haffmanns Verlag 1997 (engl. *Defending Pornography*); Lynne *Segal*, „Only the Literal: The Contradictions of Anti-Pornogra-

phy Feminism", in: *Church Gibson* (Hg.), More Dirty Looks, S. 59-70, s. die Darstellung und radikale Kritik an dieser Position bei Christine Stark, „Girls to Boyz: Sex Radical Women Promoting Pornography and Prostitution", in: *Whisnant*, Not for Sale, S. 278-291, ähnlich Jessica *Spector*, „Obscene Division", in: *dies.* (Hg.), Prostitution and Pornography, S. 419-444

314 z. B. *Church Gibson* (Hg.), More Dirty Looks

315 *Russell*, Dangerous Relationships, S. 156

316 dies kritisiert aus feministischer Sicht Shawn *Corne*/John *Briere*/ Lillian M. *Esses*, „Womens Attitude and Fantasies About Rape", in: *Journal of Interpersonal Violence* 7 (1992), S. 454-461

317 Wendy *McElroy*, „Pornographie – aus feministischer Sicht", www.zetetics.com/mac/articles/14-fem_sicht.html (2007)

318 Isabelle *Azoulay*, Phantastische Abgründe: Die Gewalt in der sexuellen Phantasie von Frauen. Frankfurt: Brandes und Apsel 2004[2] (1996[1])

319 ebd. S. 2

320 Thomas *Schirrmacher*, Ethik Bd. 4, Nürnberg: VTR 2002, S. 452-459 und die dort genannte Literatur

321 *Azoulay*, Phantastische Abgründe, S. 27

322 ebd. S. 26

323 *Döring*, „Cybersex – Formen und Bedeutungen, a. a. O., S. 189

324 ebd. S. 190-191

325 ebd.; Nicola *Döring*, „Feminist Views of Cybersex: Victimization, Liberation, and Empowerment", in: *CyberPsychology & Behavior* 3 (2000) 5, S. 863-884; deutsch: „Cybersex aus feministischen Perspektiven: Viktimisierung, Liberalisierung und Empowerment", in: *Zeitschrift für Frauenforschung & Geschlechterstudien* 18 (2000) 1-2, S. 22-48

326 s. Janis *Wolak*/Kimberly J. *Mitchell*/David *Finkelhor*, Internet Sex Crimes Against Minors: The Response of Law Enforcement, Virginia: National Center for Missing & Exploited Children 2003 und http://www.missingkids.com/en_US/publications/NC132. pdf, vgl. zur Kinderpornografie die unter „Kinderpornografie" genannte Literatur im Lit.-Verz., am aktuellsten ist Korinna *Kuhnen*, Kinderpornographie und Internet: Medium als Wegbereiter für das (pädo-)sexuelle Interesse am Kind?, Göttingen: Hogrefe 2007

327 *Gallwitz/Paulus*, Grünkram, S. 42

328 www.innocenceindanger.com, deutsche Übersetzung zitiert aus: www.aktiv-fuer-kinder.de/index.php?id=1741; vgl. Matthi-

as *Dietz-Lenssen*, „Kinderpornographie im Internet", in: *Lenssen/Stolzenburg* (Hg.), Schaulust, S. 91-114, und *Schirrmacher*, Ethik, Bd.4, S. 435-459. Zur Rolle des organisierten Verbrechens s. John *Carr*, Child Abuse, Child Pornography and the Internet, London: NCH (National Child Home) 2003, S. 17

329 *McLawhorn*. Summary, S. 14

330 *Carr*, Child Abuse, S. 11

331 nach D. Mitchell *Whitman*, Brecht das Schweigen. Sexuelle Gewalt gegen Kinder, Neukirchen-Vluyn: Aussaat 1993, S. 52-53 aufgrund von unveröffentlichten Studien von Judith Reismann an der American University, Washington (S. 189 und S. 52, Anm. 2); ähnliche detaillierte Belege bei Catherine *Itzin*, „'Entertainment for Men'", in: *dies.* (Hg.), Pornography: Women, Violence, S. 27-53.

332 das zeigt die Eingabe entsprechender Suchbegriffe im Internet am deutlichsten. So auch *Lane*, Obscene Profits, S. 125

333 *Merkl* „Pornographie ohne Grenzen: Statement", S. 15

334 im Jahr 1993; nach *Drewes*, Kinder im Datennetz, S. 37, alle neueren Studien geben eine ähnliche Zahl von Konsumenten an

335 *Gallwitz/Paulus*, Grünkram, S. 21 und 41

336 so ebd.

337 *Drewes*, Kinder im Datennetz, S. 74-75

338 so bes. *McLawhorn*, Summary, S. 14

339 vgl. *Howitt/Sheldon*, Sex Offenders

340 vgl. Gisela *Wuttke*, „Vom Sextourismus zur Kinderpornografie", in: *Aus Politik und Zeitgeschichte* (Beilage zu *Das Parlament*) B 17-18/2000: 13-20, S. 14. Weitere Literatur zur Rechtslage s. im Lit.-Verz.

341 ebd. S. 18

342 Renate *Sänger*/Reiner *Laschet*/Gisela *Zorn-Lingnau*, „Kinderpornographie und Frühprostitution", in: *Kind, Jugend und Gesellschaft* (1994) 2: 43-55, S. 44, zitiert nach Gisela *Wuttke*, Kinderprostitution, Kinderpornographie, Tourismus, Göttingen: Lamuv 1998, S. 111

343 Janis *Wolak*/David *Finkelhor*/Kimberley J. *Mitchell*, Child Pornography Possessors Arrested in Internet-Related Crimes: Findings from the National Juvenile Online Victimization Study, Virginia: National Center for Missing & Exploited Children 2005 (www.icmec.org/en_X1/pdf/ModelLegislationFinal.pdf = www.unh.edu/ccrc/pdf/jvq/CV81.pdf)

344 *Marshall*, „A Report on the Use of Pornography", a. a. O.

345 Child Pornography. Research on Pornography: The Evidence of Harm. Cincinnati National Coalition against Pornography o. J. (ca. 1990), S. 3

346 *Dobson*, „Enough is Enough", a. a. O., S. 41

347 Caroline *Sullivan*, Internet Traders of Child Pornography: Profiling Research, New Zealand's Department of Internal Affairs: Oktober 2005 (die gleichlautende Basisstudie von 2004 unter www.dia.govt.nz/diawebsite.nsf/wpg_URL/Resource-material-Our-Research-and-Reports-Internet-Traders-of-Child-Pornography-and-other-Censorship-Offenders-in-New-Zealand?OpenDocument), dort auch die Studien zu 2005 und 2007, letztere: www.dia.govt.nz/Pubforms.nsf/URL/Profilingupdate3.pdf/$file/Profilingupdate3.pdf)

348 *Wolak/Finkelhor/ Mitchell*, Child Pornography Possessors ...; vgl. auch dies., Internet Sex Crimes. Zur gesamten Studie gibt es von den Autoren noch etliche weitere Artikel und Forschungsberichte

349 Janis *Wolak*/David *Finkelhor*/Kimberly *Mitchell*, „Internet-initiated Sex Crimes Against Minors: Implications for Prevention Based on findings from a National Study", in: *Journal of Adolescent Health* 35 (2004), S. 11-20, auch unter www.unh.edu/ccrc/pdf/CV71.pdf

350 Georg *Eckelsberger*, „Kinderpornos: Konsumenten neigen zu Missbrauch: ‚Wahnsinn beginnt in der Fantasie'", Pressemeldung vom 23.7.2007, www.pressetext.com/pte.mc?pte=070723018

351 s. *Russell/Bolen*, The Epidemic of Rape, und Robert E. *Freeman-Longo*/Gerald T. *Blanchard*, Sexual Abuse in America: Epidemic of the 21st Century, Brandon: Safer Society Press 1998

352 vgl. dazu bes. Diana E. H. *Russell*, The Secret Trauma: Incest in the Lives of Girls and Women, Rev. edition, New York: Basic Books 1999[2] (1986[1]), S. 52-53

353 ebd. S. 81-84

354 dies wird etwa bei Mary Jo *Weaver*, „Pornography and the Religious Imagination", in: *Gubar/Hoff* (Hg.), For Adult Users Only, S. 68-86 deutlich, einer an sich pornografiekritischen Autorin

355 *Roth*, Wenn Sex süchtig macht, S. 45; zu Lovelace s. Linda *Lovelace*, Die Wahrheit über Deep Throat, München: Heyne 2005; frühere Ausgabe: Ich packe aus, München: Heyne 1987[10]; 1980[1] (engl. Titel: Ordeal); *dies.*, Ich bin frei, München: Heyne 1987 (engl. Titel: Out of Bondage) und Gloria *Steinem*, „The Real Linda Lovelace", in: *Russell* (Hg.), Making Violence Sexy, S. 23-31

356 http://de.wikipedia.org/wiki/Deep_Throat_(Film). Dies ist eine Zusammenfassung von Stefan *Fuchs*, „Mit deep throat und Koks im Hinterzimmer der Mafia“, *Nachrichten heute* vom 28.2.2005, S. 24-25, s. auch oraclesyndicate.twoday.net/stories/509745/

357 so bes. *Carr*, Child Abuse, S. 17 (Weblink s. im Lit.-Verz.); *Stanmeyer*, Seduction, S. 39-52; *Minnery* (Hg.), Pornography, S. 272 und 283

358 Frank Kaleb *Jansen* (Hg.), Target Earth, Hawaii: University of the Nations; Pasadena: Global Mapping International 1989, S. 68

359 vgl. *Van Ngoc/Seikowski*, „Sexualität und Kriminalität“, a. a. O., S. 133-149 und *Gallwitz/Paulus*, Grünkram

360 *Drewes*, Kinder im Datennetz, S. 52-53

361 *Dobson*, „Enough is Enough“, a. a. O., S. 40-41; zu *McLawhorn*, Summary, S. 6

362 ebd. S. 6

363 *Stanmeyer*, Seduction, S. 42

364 *Merkl*, „Pornographie ohne Grenzen: Statement“, S. 15

365 *Stanmeyer*, Seduction, S. 89

366 *Dobson*, „Enough is Enough“, a. a. O., S. 53 (Stand 1986)

367 „Übereinkommen und Empfehlung über die schlimmsten Formen der Kinderarbeit 1999“; „Übereinkommen 182“, in: *Die Welt der Arbeit*; Zeitschrift der IAO, Nr. 30 (Juli 1999), S. 17-20; im Internet unter www.ilo.org/ilolex/german/docs/gc182.htm oder www.admin.ch/ch/d/ff/2000/415.pdf; vgl. dazu „Die 87. Internationale Arbeitskonferenz der IAO nimmt neue Arbeitsnormen gegen Kinderarbeit an“, in: *Die Welt der Arbeit*, Nr. 30 (Juli 1999), S. 4-10

368 ebd. S. 5

369 „Übereinkommen und Empfehlung über die schlimmsten Formen der Kinderarbeit 1999“, S. 18

370 *Bremme*, Sexualität im Zerrspiegel, S. 67

371 Claus *Geissmar*, „Berichte über Kinderschänder in Hilfsorganisationen: Pädophile nutzen ihre Stellung als Helfer schamlos aus“, in: *Die Welt* vom 28.7.1999, S. 16, Download unter www.welt.de

372 Susann *Remke*/Angela *Hachmeister*, „Die dunkle Seite der Modeszene: Die weltweit größte Agentur ‚Elite‘ soll minderjährige Models sexuell ausgebeutet und mit Drogen versorgt haben“, in: *Die Welt* vom 25.11.1999, S. 40

373 *Juffer*, At Home with Pornography, S. 39

374 *Bremme*, Sexualität im Zerrspiegel, S. 65

375 europäische Gesetzestexte zur Pornografie werden abgedruckt in

Merkl, „Pornographie ohne Grenzen: Statement", S. 40-49. Vgl. zur gegenwärtigen Lage weiter Stephan *Feldhaus*/Götz *Kockott*, „Pornographie, 1. Zum Problemstand", Friedrich-Christian *Schroeder*, „Pornographie, 2. Rechtlich" (S. 37-38) und Waldemar *Molinski*/Stephan *Feldhaus*, „Pornographie, 3. Ethisch" (S. 38-41), in: Wilhelm *Korff* u. a. (Hg.), Lexikon der Bioethik Bd. 3, Gütersloh: Gütersloher Verlagshaus 1998

376 Details bei Kimberly J. *Mitchell*/David *Finkelhor*/Janis *Wolak*, „The Exposure of Youth to Unwanted Sexual Material on the Internet: A National Survey of Risk, Impact, and Prevention", in: *Youth & Society* 34 (2003), S. 331

377 zur Geschichte aller großen Rechtsfälle in den USA seit 1815 s. Marjorie *Heins*. „Sex and the Law", in: Peter *Lehman* (Hg.), Pornography: Film and Culture, New Brunswick: Rutgers University Press 2006, S. 168-188; Thomas C. *Mackey*, Pornography on Trial: A Sourcebook with Cases, Laws, and Documents, Indianapolis: Hackett Pub. 2005. Vgl. zur Rechtslage in den USA weiter: Stephen C. *Roberds*, „Technology, Obscenity, and the Law", in: *Waskul*, Net.seXXX, S. 295-315; *Thornburgh/ Lin* (Hg.), Youth, S. 84-114 (Internetlink s. im Lit.-Verz.), s. auch www.sexbizlaw.com.

378 zur Kritik s. Joan *Mason-Grant*, Pornography Embodied: From Speech to Sexual Practice, Lanham: Rowman & Littlefield 2004

379 Daten nach *Juffer*, At Home with Pornography, S. 39

380 nach *Schroeder*, Pornographie, Jugendschutz und Kunstfreiheit, S. 61. Zur Rechtslage in Deutschland s. Marcus *Schreibauer*, Das Pornographieverbot nach § 184 StGB: Grundlagen – Tatbestandsprobleme – Reformvorschläge, Regensburg: S. Roderer 1999; *Sohn*, Pornographie; eine ganz aktuelle Darstellung fehlt. Zur Pornografie im Rundfunk bes. Hans-Jörg *Albrecht*/Imke *Hotter*, Rundfunk und Pornographieverbot: Eine (auch rechtsvergleichende) Untersuchung zur Reichweite des Pornographieverbots im Rundfunk im weiteren Sinne. Rechtsgutachten erstellt im Auftrag der Bayerischen Landeszentrale für neue Medien, München: Fischer 2002; dort S. 93-158 auch ein guter Vergleich mit anderen europäischen Ländern. Zu Österreich s. den kritischen Beitrag Ruth *Eiselsberg*, „Der Pornographie-Begriff in der österreichischen Rechtsordnung". S. 131-140 in: *Rick/Treudl* (Hg.), Frauen, und aktueller: http://homepage.univie.ac.at/elisabeth.holzleithner/Linz.htm (am Ende der Seite), dort auch historische Rechtsquellen zu Österreich, Deutschland, USA und Kanada

381 Schwarzer, „Ruferin", a. a. O.

382 so vor allem Renate *Berger*, „Lady Killer: Überlegungen zum Verhältnis von Kunst und Pornographie", in: *Dane/Schmidt* (Hg.). Frauen und Männer, S. 70-74

383 ebd. S. 70-71

384 ebd. S. 73

385 ebd. S. 74

386 *Schroeder*, Pornographie, Jugendschutz und Kunstfreiheit, S. 31; vgl. das ganze Buch

387 wiedergegeben in ebd. S. 61-100

388 *Vultejus*, „Die Pornographie", a. a. O., S. 864-865

389 *Albrecht/Hotter*, Rundfunk und Pornographieverbot, S. 22., s. auch S. 27-28 und die dort angeführten Vertreter dieser Sicht in der juristischen Literatur

390 ebd. S. 27; ähnlich Hubertus *Gersdorf*, „Pornographieverbot im Fernsehen und Verfassungsrecht", in: Harald *Koch* (Hg.), Recht zwischen Verfahren und materieller Wertung: Rostocker Abschieds- und Antrittsvorlesungen 1999-2004, Berlin: Berliner Wissenschafts-Verlag 2005. S. 22 und 27, der dieses Schutzrecht beschreibt, aber leider als sehr niedrig einstuft

391 Catherine *Itzin*, „A Legal Definition of Pornography". in: *dies.* (Hg.). Pornography: Women, Violence, S. 435

392 Daniel *Weiss*, „Pornography: Harmless Fun or Public Health Hazard?", Testimony at the May 19, 2005; Summit on Pornography: Obscenity Enforcement, Corporate Participation and Violence against Women and Children des US-Kongresses, Downloadmöglichkeit im Lit.-Verz.

393 *Pastötter*, „Generation Porno"

394 s. z. B. „Fünf Jahre Haft für Absender von Porno-Spam", in: *Die Welt* vom 14.10.2007, Download unter www.welt.de

395 s. z. B. „Virtueller Wächter: Jugendschutz gegen Pornoseiten", in: *Focus Online* vom 19.10.2007, www.focus.de/digital/internet/virtueller-waechter_aid_136471.html

396 s. z. B. Konrad *Lischka*, „Landgericht zwingt Arcor zur Porno-Zensur", in: *Spiegel Online* vom 19.10.2007, www.spiegel.de/netzwelt/web/0,1518,512460,00.html

397 *Dobson*, „Enough is Enough", a. a. O., S. 32; *Kirk*, Vorwort, in: *McLawhorn*, Summary, S. 6

398 vgl. www.foxnews.com/story/0,2933,305843,00.html

399 „Deutsche gegen Pornografie im Internet", Meldung vom 21.4.2007, www.szexualitas.hu/de/index.php?artikel=pornografie

400 *McLawhorn*, Summary, S. 15

401 in der Pornografie findet sich im Übrigen oft rassistisches Gedankengut, vgl. James *Check*, „Racism and Sexism in Pornography", in: *Lederer/Delgado* (Hg.), The Price we Pay, S. 92-96; Laura J. *Lederer*, „Pornography and Racist Speech as Hate Propaganda". in: *Lederer/Delgado* (Hg.), The Price we Pay, S. 131-140; Aminatta *Forna*, „Pornography and Racism", in: *Itzin* (Hg.). Pornography: Women, Violence, S. 102-112 ; Alice Mayall/Diana E. H. Russell, „Racism in Pornography", in: Russell (Hg.), Making Violence Sexy, S. 167-177. Gute Beispiele liefert Gail *Dines*, „King Kong and the White Woman: Hustler Magazine and the Demonization of Black Mascuilinity", in: *Whisnant*, Not for Sale, S. 89-101 und – ohne negative Bewertung – José B. *Capino*, „Asian College Girls and Oriental Men with Bamboo Poles", in: *Lehman* (Hg.), Pornography: Film and Culture, S. 206-219

402 so bes. *Stanmeyer*, Seduction, S. 35

403 *Schwarzer*, „Ruferin", a. a. O.

404 *Merkl*, „Pornographie ohne Grenzen: Statement", S. 15

405 vgl. Olivia *Young*, „A Weapon to Weaken: Pornography in the Workplace", in: *Lederer/Delgado* (Hg.), The Price we Pay, S. 18-22

406 vgl. die Hirtenbriefe usw. im Lit.-Verz. unter „Gegen Pornographie (christlich/theologisch)"

407 Katechismus der katholischen Kirche, Oldenbourg: München 1993, S. 595, Nr. 2354

408 vgl. die Literaturangaben im Lit.-Verz. unter „Gegen Pornographie (christlich/theologisch)"

409 John H. *Court*, Pornography: A Christian Critique, Downers Grove: InterVarsity Press & Exeter: Paternoster Press 1980; vgl. aus neuerer Zeit John H. *Court*, „Pornography", in: David J. *Atkinson*/David H. *Field* (Hg.), New Dictionary of Christian Ethics and Pastoral Theology, Downers Grove: IVP 1995, S. 675-677

410 s. dazu Thomas *Schirrmacher*, Ethik Bd. 3., Nürnberg: VTR 2002[3], S. 19-37

411 Übersetzung nach: Klaus *Berger*, Die Gesetzesauslegung Jesu, Teil I: Markus und Parallelen, Neukirchen: Neukirchener Verlag 1972, S. 345

412 vgl. ebd. S. 343-345

413 Rousas J. *Rushdoony*, „Images, Ikons, and Pin-ups", in: *Journal of Christian Reconstruction Vol. I*, No. 1 (Summer 1974): Symposium on Creation, S. 142-143

414 z. B. *Stack/Wassermann/Kern*, „Adult Social Bonds“, a. a. O., S. 75-88

415 „More Sex, Please“, in: *Leadership Journal Preview* 1.1.2005 (www.ctlibrary.com/le/2005/winter/4.7.html und www.ctlibrary.com/33642) und *Leadership Journal*, Ausgabe 26 (2005), 1 (Winter 2005).

416 z. B. George *Verwer*, „A Wretch Like Me“, in: *Leadership Journal* (Beilage zu Christianity Today) 22 (2001) 2, S. 52, jetzt unter www.georgeverwer.com/ip.php?tp=wretch oder: www.thinkwow.com/gv/wretch_like_me.htm

417 Patrick A. *Means*, Men's Secret Wars, Grand Rapids: Revell 2006, Anhang

418 Sue King, „The Impact of Compulsive Sexual Behaviors on Clergy Marriages: Perspectives and Concerns of the Pastor's Wife“, in: *Journal of Sexual Addiction & Compulsivity* 10 (2003), S. 193-199

419 Ralph H. *Earle*/Mark R. *Laaser*; Wenn Bilder süchtig machen; Basel: Brunnen 2005 = *dies.*, The Pornography Trap – ein ausgezeichneter Ratgeber für pornografiesüchtige Pastoren, wobei in der deutschen Ausgabe nur schlecht deutlich wird, dass das Buch auf Pastoren abzielt

Das Weiße Kreuz e.V. (Sexualethik und Seelsorge) bietet wertvolle Hilfe an: www. weisses-kreuz.de

Ellen Nieswiodek-Martin

Kinder in der Mediengesellschaft

Tb., 12 x 19 cm, 208 S.
Nr. 394.575,
ISBN 978-3-7751-4575-6

Gibt es auch in Ihrer Familie Streit über den Umgang mit Fernsehen und Computer? Wissen Sie, was Ihre Teenager so alles im Internet treiben? Oder sind Sie unsicher, wie lange Ihr Kindergartenkind vor dem Fernseher sitzen sollte?
Ob Fernsehen, Umgang mit Gameboy- und Videospielen, Benutzung des Computers oder Umgang mit Internet und Handy – die neuen Medien stellen Eltern vor viele Fragen und auch Probleme.
In diesem Buch finden Sie hilfreiche Tipps rund um die Medienerziehung – vom Babyalter bis zur Pubertät. Medienexperten geben wichtige Hintergrundinformationen und informieren über die Auswirkungen des Medienkonsums. Ein umfassender Ratgeber – für einen gesunden Umgang mit Medien in der Familie.

Bitte fragen Sie in Ihrer Buchhandlung nach diesem Buch!
Oder schreiben Sie an: Hänssler Verlag im SCM-Verlag GmbH & Co. KG, D-71087 Holzgerlingen.

Stephen Arterburn

Jeder Mann und die Versuchungen

Gb., 13,5 x 20,5 cm, 260 S.
Nr. 394.194,
ISBN 978-3-7751-4194-9

Ob Fernsehen oder Internet, Zeitschriften oder Videos – Männer sind permanent visuellen (sexuellen) Reizen ausgesetzt. Es ist unmöglich, diesen Verführungen aus dem Weg zu gehen ... aber es ist nicht unmöglich, ihnen zu widerstehen!
In diesem Buch wird von vielen Männern berichtet, denen es gelungen ist, der Falle der sexuellen Verführung zu entgehen.
Es räumt damit mit dem Vorurteil auf, dass Männer nicht in der Lage seien, ihre Gedanken und Augen unter Kontrolle zu halten!

jeder mann und die versuchungen ist in erster Linie für Männer geschrieben, aber es kann auch Frauen helfen, besser zu verstehen, wie schwierig der Kampf gegen das uralte Problem der lüsternen Augen ist.

Bitte fragen Sie in Ihrer Buchhandlung nach diesem Buch!
Oder schreiben Sie an: Hänssler Verlag im SCM-Verlag GmbH & Co. KG, D-71087 Holzgerlingen.

Shannon Ethridge

Jede Frau und das geheime Verlangen

Gb., 13,5 x 20,5 cm, 260 S.
Nr. 394.421,
ISBN 978-3-7751-4421-6

Ist Untreue schon Untreue, wenn sie „nur“ in unseren Gedanken stattfindet?
Haben Frauen - im Gegensatz zu Männern – wirklich keine Probleme mit sexuellen Versuchungen?
Der Kampf um sexuelle Reinheit nimmt bei Frauen und Männern unterschiedliche Formen an. Beim Mann beginnt der Kampf typischerweise in seinen Augen, bei der Frau in ihrem Herzen und ihren Gedanken.

Shannon Ethridge kennt diese Fragen und Gedanken aus eigener Erfahrung nur zu gut.
Einfühlsam, kompetent und ehrlich zeigt sie, dass es möglich ist, mit Gottes Hilfe Ordnung in die Welt unserer Gefühle und unserer Sexualität zu bringen – um zu der Frau zu werden, wie Gott uns gemeint hat.

Bitte fragen Sie in Ihrer Buchhandlung nach diesem Buch!
Oder schreiben Sie an: Hänssler Verlag im SCM-Verlag GmbH & Co. KG, D-71087 Holzgerlingen.